母親，請您慢慢老

褚宗堯 博士／著

謹以此書呈獻給

我一生的導師以及永遠的慈母——褚林貴女士
感謝她老人家對我一輩子
無始無邊以及無怨無悔的
生我、鞠我、長我、育我、顧我、度我……

推薦序

涂光敷

人世間有許多大英豪、大文豪、科學家……，他們心靈的深處，只有一念，奔發出執著、堅毅的信念，依循他們所行走的路，漠視周邊的一切，勇往直前，而終底於成。大發明家愛因斯坦他在研究思索中，曾將手錶當作雞蛋，置入鍋中，豈謂專心之可癡乎！

內弟宗堯在家庭艱困的生活中，於大學求學階段，每到開學註冊之際，母親經常為籌措學費之辛勞不易而苦。那時，他即立願，將來要成功立業來報答母恩（見其著《話我九五老母》一書330頁）。當讀至此時，我即動筆眉簽如下之「讀後有感」：

『民國六十年就讀台大二年級時，即立下此願，數十年來，日日為此宏願努力並一一達成。宗堯之毅力、之虔誠、之純孝，處今日之時代，何處尋覓?!這樣的孝子、孝癡，亙古少見。了不起的願望，如今已成全了。』

然後，我最後又寫了閱後有感——『2012年8月18日閱讀完畢，感動欲泣』。此書至今已翻閱無數次，常置身旁。

我六歲喪母，我如何孝順吾母?堯弟再寫《母親，請您慢慢老》一書，是他內心發出的炙熱火花，不僅是文筆上所觸動之摯情，更是心靈上之發皇也!特此為誌。

涂光敷 於 風城新竹

我為光敷二姐夫攝於杭州西湖

母親和我與光敷二姐夫及二姊攝於護城河畔（文化街段）

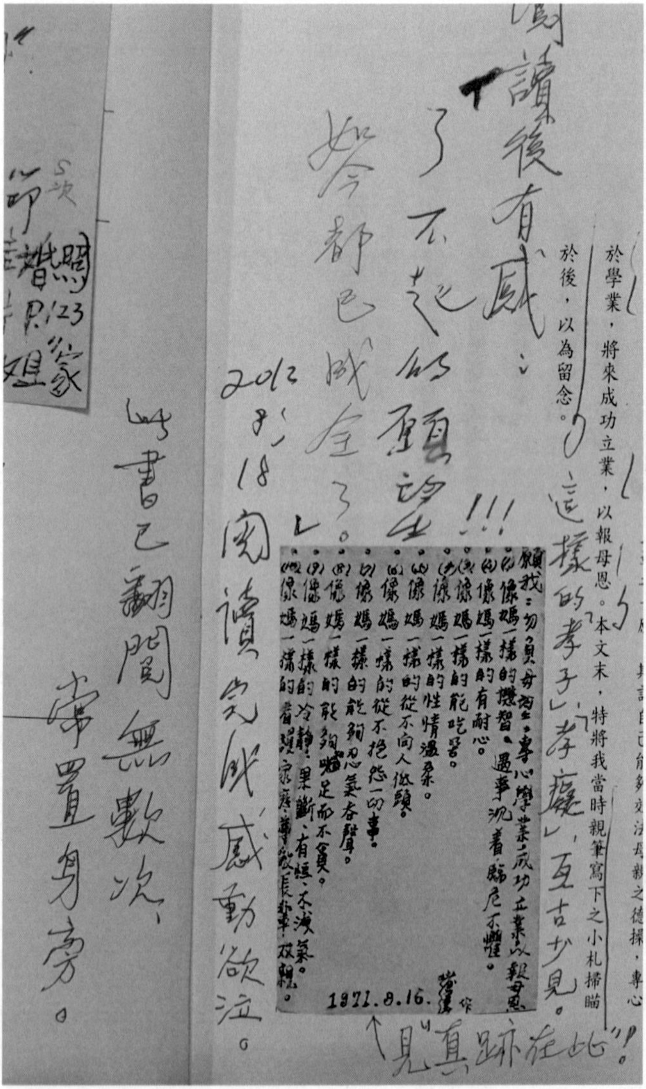

▌光敷二姊夫讀完我“以母為範之十願”手稿後之感觸眉批

為堯弟「母親，請您慢慢老」序文

褚煜夫

誠如堯弟在她的《話我九五老母》一書中序文所說：「母親一生充滿著傳奇性，不僅出身寒門，從小失怙，且經歷了兩次不同家庭的養女歲月，卻從不怨天也不尤人。及長，雖嫁做貧窮地主之妻，但家道一貧如洗，十個子女先後出生，沉重無比的家計負擔，長期不斷的加諸在她一個弱女子的身上，卻能夠隨緣認命，咬緊牙關，憑著自己無以倫比的堅強毅力，以及天生的聰慧靈敏，終於振興了褚家的家運。」

短短一百餘字，道盡了母親一輩子「艱苦奮發，努力向上，護子護家」的神聖歷程。我們這些子女何其有幸，長年沐浴在母愛之河中成長、茁壯，無忝所生！

母親今年一百歲了，除了行動漸顯不便之外，其思路依然清晰，言語亦無礙，記憶更是令人讚佩。凡此種種，最是我們做為兒女們所寶貴、珍惜，並引以為傲的。

堯弟繼一〇一年《話我九五老母》十二萬字，一〇三年《母親，慢慢來，我會等您》十萬字，今一〇五年又隆重出版《母親，請您慢慢老》十一萬字。前後洋洋灑灑三十幾萬字文稿，在加上《再老，還是母親的小小孩》一文，榮獲一〇四年「第四屆海峽兩岸漂母杯散文詩歌大賽」（散文組第三名）。充分訴說了堯弟他對母親「養」、「敬」、「順」無盡的思懷，語重心長，感人肺腑！

我們這些兄姐們對母親想說、想做，而沒有做得很好的，堯弟都為我們說了、做了，而且說得、做得相當徹底。

在此部新作發行之際，大哥謹代表褚家兄弟姊妹們向堯弟道賀，並對他致上最誠摯的謝意！

最後，讓我們齊聲恭祝褚家這位勞苦功高的母親大人

百歲華誕，健康長壽！

褚煜夫　於　風城　龍騰大廈

母親與家人於“天竹園餐廳”聚餐，與大哥（前排右一）全家福合影

母親和我及大哥（左二）、四哥於家中客廳合影

推薦序

陳振田

時間飛梭，自大學期間跨系選修褚師所授經濟學，乃至共創事業至今，相知相惜、亦師亦友之緣，不覺已過三十餘年。期間，對於褚師在企管學識與經營實務上之專精，以及文學造詣之深厚，自然知之甚深。唯，直到近兩年，有幸拜讀其《話我九五老母》及《母親，慢慢來，我會等您》二本孝親大作，方才驚訝褚師事母至孝之用心，以及費神之極致，實已超乎想像，當為世人之典範。

有幸與褚師多年來之互動，以及近距離之體會下，那些古籍中常見的「牴犢情深」、「晨昏定省」、「孺慕之情」、「母子連心」，乃至「老萊子彩衣娛親」、「父母在不遠遊，遊必有方」等名言，竟都不再只是佳句或迭事而已，更是個活生生的實例。

例如，一次與褚師因公出差，在清晨驅車前往機場路上，就曾親睹褚師因公務不得不暫別尚在熟睡中的老母，那種牽絆心繫、忐忑不安的神情。行車途中即頻頻撥打電話，向菲傭詢問褚母是否業已起床？可否電話問安？直到登機前，終能通上電話親口請安，方才稍微放心。差旅期間，更是晨晚多次去電問安，方才安眠。看到異鄉美食，褚師舉筷前每每若有所思，想必是企盼褚母亦能共享盤中美食。我在一旁，見之令人動容。

褚媽媽出生寒苦，歷經兩段養女及義女生涯。她不僅不怨天、不尤人，隨緣認命，更憑藉著無比的毅力，勤儉持家，進而完美生養教化了十位子女，此生可謂十全十美。而我所認識的褚師大家庭，兄友弟恭，媳孫盡孝，個個謙和待人，在專業領域及事業成就上更是令人稱羨。尤其，褚媽媽在辛勞多年，生活僅稍為寬裕之時，即不吝長年奉獻，濟世助人。其情操與風範，早遠超越世俗模範母親之標準，竟仍多次謙恭婉拒報導與表揚。此種「困時不撓，顯時忘名」之情操，實非偉大不能形容。

行筆至此，恰再翻閱到褚師自序中片段所述，他之所以把握每一分秒及時盡孝，乃不希望造成「樹欲靜而風不止，子欲養而親不待」的遺憾。頓然，令我觸動憶起年前方才仙逝的母親，不覺含淚盈眶而不能自已。個人自大學就學乃至工作至今，即長期離家，未能陪侍左右，實有所憾。此刻，只能在夜闌人靜之時，輕喚一聲：「媽，兒好想您……」。期盼，有幸拜讀本書之讀者皆能盡受感召，即時把握當下事親至孝，莫生悔憾……。

值此褚媽媽百歲誕辰，個人有幸能獲邀為褚師賀禮新作為序，除備感榮幸之外，更是羨慕無比。

謹此，恭賀　褚媽媽褚林貴女士百歲誕辰，並誠摯祝福她老人家

萬壽無疆　福泰安康！

陳振田　於　風城新竹

振田來家中探望母親

作者自序 請您慢慢老

我最敬愛的母親，她今年高齡百歲，而我也已是六十五歲的老者，真的都已是上了年紀的人了。我心裡很明白，未來還能夠有多少和母親相處的時間，這完全必須仰賴佛菩薩的旨意了。

每每想到這方面的事，一陣莫名的不捨之情，便不由得從心中而起。我當然非常渴望並祈求佛菩薩的加持，能夠恩賜我更長久的時間來陪伴母親。因為，對母親，我還有好多好多的恩情要回報她老人家。畢竟，母恩難報，而歲月又如梭。

母恩的浩瀚在《詩經・小雅・蓼莪》中就提及：「欲報之德，昊天罔極。」在《遊子吟》中也寫到：「誰言寸草心，報得三春暉。」此外，《六祖壇經》「疑問品第三」中的「無相頌」，更強調「恩則孝養父母」。坦白說，古今中外對母恩的讚頌不勝枚舉。當然，我也秉持著「滴水之恩，當湧泉相報」之心來報答母恩，更何況老母親之於我的，不只是滴水而是瀚海之恩呢！

換言之，這些年來，不諱言地說，對於及時報孝母恩，我不僅「有心」，而且也非常「用心」，可說不遺餘力地在做盡孝之事。因為，我不希望造成「樹欲靜而風不止，子欲養而親不待」（《韓詩外傳》【卷九】）的遺憾。為此，我經常拿此詩來警惕及鞭策自己，要好好珍惜並把握當下的每一刻。

坦白說，前幾年為母親而寫的兩本專書（《話我九五老母——花甲么兒永遠的母親》及《母親，慢慢來，我會等您》），也就是在如此的心境下完成的。書中描述了許多我和母親之間非常近距離的親情互動，充份的顯示出，我如何珍惜與把握能和母親在一起的每一刻當下的「有心」與「用心」。說實話，若非真的「有心」與「用心」的話，我是不可能做出來的，也是不可能寫出來的。

尤其，這第三本書《母親，請您慢慢老》的問世，更是遠超越我的預期與想像。說實話，我不知道，這世上有多少人會為他的母親，在短短的前後不到三年半內，連續寫了三本專書？我不敢說絕無僅有，但，應該是不多見吧！

說實話，我自己也很訝異！是什麼動機引發了我這麼大的動力，居然一口氣為母親寫了三本書呢?我靜下心來仔細想想，其實原因也很單純。其一，我認為這全然是佛菩薩的旨意；其二，母親在我心目中地位之崇高以及份量之重要，由此可知，同時，也是無人可以取代的。

更具體的來說，第三本書的宗旨與精神，全然以「母愛」及「愛母」為主軸，字裡行間更是鋪設著從小到今，如下所述的，我這高齡百歲的老母親與她的最小么兒之間，那種發乎至情的「牴犢情深」與「孺慕之情」。如果你仔細的品讀，相信你也會深深感受到那母子情深的無限溫馨。

書中，我重點式整理了從小至今，我和母親近距離相處的生活點滴摘述。它們也許很平凡或稀鬆平常，但，每一個點滴對我而言，都是極其珍貴無比。尤其，母親已經高齡百歲，我希望能夠珍惜未來的每一個歲月，和母親創造更多美好的生活回憶。為此，母親!可否請您慢慢老?因為——

「母親!和您在一起的點點滴滴，永遠令我懷念不已。」

近些日子以來，我感受到母親似乎比以往更老邁了一些。她的聽力更弱化了；眼力也比以前更吃力了；牙齒咀嚼能力再沒有往昔那麼順暢了；腳力也無法獨自站立，而需要有人在身旁牽扶著她……。

我當然知道，今後的日子裡，母親逐日老邁的現象，會愈來愈明顯，那似乎是必然的自然現象。然而，看在眼裡，我就是於心不忍。除了盡我所能地為她付出更多的關懷、尊重、與照護之外；更重要的，就是隨時提醒自己，要及時把握與珍惜能夠和她共處的有限時光。

雖然，我也知道，無論我再怎麼感到無奈，也無濟於事。而我唯一能做的事，除了珍惜現有的機緣之外，就是把握住每一天的時光。我經常提醒自己，千萬別以為錯失了今天，還會有好幾個明天。真的，唯一能夠掌握的，只有今天。

換言之，我唯一能做的是，放大時間的橫斷面。怎麼說呢？我把一天當成兩天用，一個月當成兩個月用，一年當成兩年用……。如果還要細分的話，我會把一小時當成兩小時用，一分鐘當成兩分鐘用……。雖然，絕對時間是不變的，但，相對時間是放大的。那種單位時間的價值，感覺上就會迥然不同了。

經常在夜闌人靜時，我總會不由自主地想到，無論我的年紀已有多大，這一生中，每當遇到挫折、憂慮、煩惱、委曲、……或是任何不如意，一時又找不到適當的人傾訴時（甚至有時連自己的配偶或伴侶也不便時），誰會是我最想找的人呢？——

當然是母親了！

因為，雖然我們都會隨著歲月的飀逝，而逐漸年華老去，母親必然也會比我們更老，但，在母親的跟前，她看到的我們，依然只是個孩子；不同的是，一個更老的孩子而已。換言之——

「母親，我永遠是您眼中孩兒，需要您的關懷。」

寫到此，我要再次拉回來主題。是什麼動機與動力？讓我有此高度意願，想以母親為主題繼續寫作呢？簡單的說，全然是「母愛」與「愛母」使然。「母愛」是天性的展現，而「愛母」當然也是天性的展現。無論是「母愛」或「愛母」，都是「天性」、都是「渾之天成」。

而我為母盡孝，純乎天性；為母寫作，也是渾之天成。不假造作，只是想把自己所作的事實，以及內心所想的思緒，藉著拙筆據實寫出來而已。寫書全然不為稿費或版稅，只求留傳給自家子孫後代，以及一些與我有緣的讀者們，藉此互勉並齊力推廣孝道。

尤其，每每想到歲月的無情，日子一天一天的飛逝。老母親都已是百歲高齡了，我必須非常珍惜地把握住能夠與母親共處的每一刻時光。對我而言，和她在一起的每一年、每一季、每一月、每一天，甚至，每一時、每一分、每一秒，都變得比往常來得更為珍貴。

因為，這些日子以來，不知何故，我愈發覺得自己「再老，還是母親的小小孩」，心中更是不時地想對老母親告白：

「和您一起的點點滴滴，永遠令我懷念不已。」

本書能夠順利付梓，我要特別感謝吳淑敏小姐，她利用工作餘暇，為我進行文稿的繕打、整理、與校訂；還有秀威資訊的羅加文小姐，在本書的編輯與排版上，她給予了很大的協助。於此，我向她們致上由衷的謝意。此外，我也要感謝好友德明兄再次慷慨贊助褚林貴教育基金會及本書的相關費用。

回想起完成本書初稿之際，我的內心非常雀躍與欣慰，同時，著實也鬆了一口氣。因為，白天上班之餘，我仍必須撥出時間照料母親，因此，只能利用零散時間來進行寫作。而在化零為整的持續努力之下，終於完成了這個心願。

將近十個月以來，歷經初稿、修稿、以及校稿……等作業，雖然辛苦，但，不諱言地說，我覺得意義非常深遠。對我而言，能夠完成本書，要比獲得巨大財富來得更具價值。因為，由於這本書的問世，讓我更有依據向世人提證，在世風日下的二十一世紀，「孝道」猶存。

我非常感謝佛菩薩的加持，賜給我完成本書的動機與動力，讓我藉由本書的寫作，更深入地去了解我高齡百歲老母親的德性與情操，發現她老人家比我想像中的還要偉大。同時，也讓我更篤信，世間法中的愛，再沒有比「母愛」來得更偉大了。

尤其，當我逐段、逐字修稿及潤稿時，每每在反覆細細品讀之下，愈發感悟到，在慈母與子女之間，那種母親對子女的「舐犢情深」，以及子女對母親的「孺慕之情」，其實，是發生在每一個人的身上的。只是，有太多人沒有去正視罷了！

如果說本書會有甚麼貢獻的話，那麼，就只有這麼一點——我以我百歲老母與我之間的事蹟為例，一五一十地，像故事般的說給你聽，期盼你能夠稍受感動，而正視「孝道」對於作為一個人子的重要。至少，我認為，一位真正懂得孝道及確實行孝的人，那才真正配稱為是一個「人」。

最後，我再度秉持著先前為母親所寫《話我九五老母——花甲么兒永遠的母親》以及《母親，慢慢來，我會等您》這兩本書的摯誠，謹以此書呈獻給：我一生的導師以及永遠的母親——褚林貴女士。此書除了作為她百歲華誕的生日獻禮之外，也感謝她老人家，對我一輩子無始無邊以及無怨無悔的生我、鞠我、長我、育我、顧我、度我……，並向她老人家懇切地說聲：

「母親，我永遠愛您！也請您慢慢的老，讓我能夠孝順您更久！」

褚宗堯 於 風城新竹

作者一生中最深愛的兩個人

氣質端莊、雍容、高雅的母親

作者與母親之間，母子緣深情重

▌拙作[話我九五老母]封面——為母親寫的第一本專書（母慈子孝-001）

▌拙作[母親，慢慢來，我會等您]封面——為母親寫的第二本專書（母慈子孝-002）

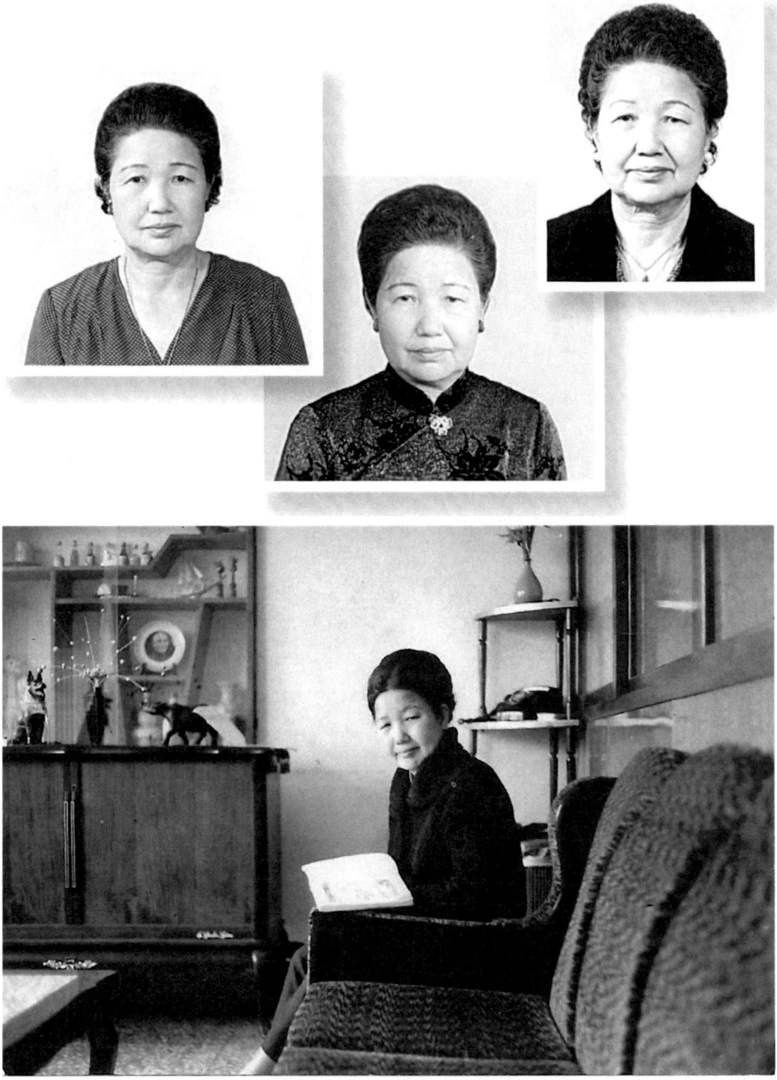

母親不同時期之珍貴舊照

▌母親不同時期之珍貴舊照（左起為四姊、我、及四哥）

▌母親不同時期之珍貴舊照

母親早期之珍貴舊照（氣質賢淑高雅）

contents 目次

推薦序／涂光敷 005
為堯弟「母親，請您慢慢老」序文／褚煜夫 009
推薦序／陳振田 013
作者自序 請您慢慢老 017

第一篇 當您日漸老邁，我心疼
1 母親您是一齣令我感懷的歲月 039
2 您是一篇讀不完的美好故事 047
3 看到日漸老邁的您，我無法不心疼 055
4 請爾擔心您的老，我會角色互換對待您 063
5 我會用愛心和耐性，陪您繼續走人生 071

第二篇 我會感同身受，更大耐性護持您
6 您的老，我會感同身受，並付出更大耐心 105
7 您說話時，我會耐心地聽，不會打斷您 113

8 您的任何動作都慢慢來，我會等您 121
9 您的任何麻煩，我都不會厭煩 129
10 您的日漸遲鈍，我也不會不耐 137
11 您的體能再弱，我也會全力攙扶您 145
12 當您無聊時，我會陪您閒話家常 153
13 當您健忘時，我會給您更多時間回想 161
14 我會耐性地當您聽眾，讓您常感溫馨 169
15 當您孤寂企盼時，我不會讓您等太久 177
16 您的嘀咕或責備，我都甘之若飴 185
17 我會更悉心照顧您，也呵護您的尊嚴 193

第三篇　做為您的兒子，我無上榮幸

18 能做為您的兒子，我無上榮幸 223
19 我雖老，但您更老，我當更加珍惜 231
20 您的人生智慧常在我心，讓我力量無窮 239

21 您是我終生無時不眷念的身影 247
22 與您同在，讓我成為心靈富裕的人 255
23 您一直是我心中寶貝，我也永遠珍惜 263
24 每天都能看見您，是我最開心的事 271
25 您慈祥的凝視，眼裡滿是疼愛與溫馨 279
第四篇 母親，請您慢慢老
26 我永遠是您眼中孩兒，需要您的關懷 315
27 當我最感艱困無助時，您是我的支柱 323
28 我的壞脾氣，仍需要您的感化與引度 331
29 您是這世上，唯一不會生我氣的人 339
30 您也是這世上，唯一能無條件包容我的人 347
31 和您一起的點點滴滴，永遠令我懷念不已 355
32 請您慢慢的老，讓我能夠孝順您更久 367

第五篇　側記——母親，讓我悉心顧您、護您

Ⅰ　母親每天的重點作息時程　411
Ⅱ　母親一日三餐的主要食物　413
Ⅲ　母親每天必須的慢性處方　415
Ⅳ　為母親額外補充的保健品　417
Ⅴ　協助母親常做的健身保養　419
Ⅵ　母親每天大致的消遣活動　421
Ⅶ　母親戶外活動較常去之處　423
Ⅷ　母親三餐外曾喜歡的食物　426

第六篇　後記與追思

後記——媽，兒好想您！／褚宗堯　475
推薦序——母慈子孝／包宗和　491
岳母追思文／涂光敷　495

母親追思文／褚煜夫　499
阿嬤追思文／褚彥希　503
一位教導我生命真正意義的人　509
瑞塔Leta　509
THE PERSON WHO TAUGHT ME THE TRUE MEANING OF LIFE
／Violeta Abero Lugtu　521
附錄一　榮獲「第四屆海峽兩岸漂母杯散文詩歌大賽」（散文組第三名）得獎之作：《再老，還是母親的小小孩》　533
附錄二　母親創立的教育基金會　545
附錄三　記憶金庫——思母情懷舊照　555

第一篇

當您日漸老邁，我心疼

母親出生於民國六年，家學淵源，是清末秀才的遺腹女。至今，已整整走過了一世紀的歲月。她的一生頗具傳奇性，非僅出身寒門，從小失怙，而且，經歷了兩次不同家庭的養女歲月。然而，她卻從不怨天也不尤人。

及長，雖嫁為地主獨子之妻，但家道卻已中落。而十個子女又先後出生，沈重無比的家計負擔，長期不斷地加諸在她一個弱女子的身上。母親卻能夠隨緣認命，咬緊牙關，憑著她自己無以倫比的堅強毅力，以及天生的聰慧靈敏，終於振興了褚家的家運。

對我來說，「母親，您是一齣令我感懷的歲月」，而且，「您是一篇讀不完的美好故事」。然而，令我備感無奈與傷懷的是，歲月總是催人老，「看到日漸老邁的您，我無法不心疼」，不捨之情總是油然而生。

不過，「請甭擔心您的老，我會角色互換對待您」。同時，也請您相信我，「我會用愛心和耐性，陪您繼續走人生」，絕對不會讓您感到孤獨與寂寞，更不會讓您感到無依與無助。

1 母親您是一齣令我感懷的歲月

母親的年紀大我整整三十五歲，至今，她走過了將近一個世紀的年頭，而我，也早已渡過一甲子以上的春、夏、秋、冬。這些日子的飃逝，回想起來，就像是白駒過隙般的令人惜愕。

曾幾何時？我這個在母親心目中似乎永遠年輕體健的么兒，如今，也已成為年過花甲的鶴髮老者了。

我的老，當然意味著母親的更老。然而，早已是白髮蒼蒼的老母親，連自己平時的作息都需要外傭Leta的悉心照應了，她卻還是不時以一種無限慈祥、無限牽掛、無限憐愛的眼神，關注著她的兒女與孫子們。尤其對我，更是無微不至。

母親對我的愛，是至深至情的，是無私的，是不求回報的。不僅如此，她對我的付出幾乎是永不止息。尤其，我在母親的心目中，似乎永遠還是她懷裡那位不懂得照顧自己的孩子。

真的，再老，還是母親眼中的孩子。

而母親之於我的種種，就像是一齣令我永遠感懷的歲月，歷歷如昨，而始終難以忘懷。她影響的，不只是我的童年、少年、青年、壯年，甚至於已是老年的我，仍然深受她至大的影響。而這只有一個原因——她對我的愛，是巨大無私的至愛。

母親三十五歲生我，在此之前的母親種種事蹟，我自然無從洞悉。但，多年來，從兄姊的口中，以及與母親閒談互動之間，透過點點滴滴的故事情節，像拼圖般地湊集，總算將我對母親最感陌生的童年、少年、青年及成年等階段，做了大致的瞭解，也才填補了我對母親生平的完整認知。

由於這樣的認知，我愈是覺得母親的偉大。她走過的每一步生命歷程，於我而言，絕對是一齣令我終生感懷的難忘歲月。而且，不僅對我影響甚鉅，尤其，既深遠又難忘。

母親童年的遭遇相當坎坷，雖然家學淵源（我的外祖父是清末秀才），但，從她哇哇落地之後，就無緣目睹自己的親生父親。換句話說，母親生下來就是一位「遺腹女」。非僅如此，在她還懵懂無知的兩歲左右，又因我的外婆重病纏身，無法照顧年幼的母親，而被送給人家當了養女。

她的原生家庭本姓「連」，養父姓「林」，因而，母親的身分證上也姓「林」。母親從原生「連家」到了「林家」之後，從此展開了她的養女生涯。想想，兩歲左右的女嬰，卻要面對歲月無情又無常的洗禮。

坎坷命運不僅如此，母親做為林家養女之後，雖然很受養父母的疼愛，但，約莫在十一歲左右，由於養母過世，養父家裡人力單薄，因而，無法獨自繼續撫養母親。

所幸，當時一位「蔡」姓鄰居夫婦，見到了幼小的母親不僅性情乖巧，而且，長得標緻伶俐，因而，主動表示希望收養母親為義女。就這樣，母親再度成了另一個家庭的養女。

真是造化弄人，讓母親的童年及青少年的青澀歲月，竟然經歷了三對父母親。包括：一對「親生父母」，一對「養父母」、及一對「義父母」。也因為如此，母親婚後，就有了三個娘家。

或許乍聽之下，好像母親可以擁有很多親情的幸福感覺。然而，在那一段不尋常的歲月裡，卻歷經了不少極為辛酸與沈重的故事。

這些艱辛歲月背後的陳年往事，我多半在前幾年拙作《話我九五老母——花甲么兒永遠的母親》一書中，已有較為深入的著墨。

客觀來說，確實很少人的身世會像我母親一樣，在小小的年歲開始，就需要經歷起及承擔著，數次親情「聚與散」的無情洗禮。我總認為，這應該算是母親在她童年及青少年時期的一些不幸歲月吧！

然而，最令我感懷及敬佩的是，母親卻總能身心俱佳地順利渡過這些歲月。因此，如果從另一個角度來看，這應該也是她相當幸運的地方。因為，在經歷了這些淬鍊與洗禮之後，讓她得以更有勇氣與智慧，去面對及挑戰日後更為艱鉅的人生。

在民國初年的舊社會下，任何人面對如此的遭遇，或許你無法拒絕而只能接受。然而，有兩種接受的態度，一種是「怨天尤人」。除了埋怨上天何其殘忍對待，竟然安排如此的命運？也責怪雙親怎會如此狠心，捨棄自己的親生骨肉於不顧？

而另一種接受方式則是「不怨天不尤人」，直接面對命運的殘酷現實。非僅不抗拒它，甚至，更勇敢地接受它，而與命運相共存。當然，我的母親勇敢地選擇了後者。

那個時候，我尚未出生，當然無從目睹母親是如何渡過的？然而，她就是安然平順地渡過了，而且，是身心俱佳地渡過的。坦白說，光是她這一段童年及青少年的不凡歲月，就已令我萬分敬佩以及彌足感懷了。

母親的坎坷歲月，不僅止於她的童年及青少年。之後，在十八歲的這一年，母親在媒灼之言下，正式從蔡姓義父母家出閣，嫁給了大她三歲的我的父親。

正值花樣年華且如花似玉的母親，當年是大家所稱羨的大美人。在媒婆的舌燦蓮花慫慂之下，說服了養父母及義父母，將母親嫁給了媒婆口中的富貴人家—地主之子。

然而，事實不如預期，原以為嫁給了我父親之後，即使不能保證一定幸福美滿，但，至少也會比過去的養女歲月及義女生涯好過吧！然而，事後的發展，母親終究還是失望了。

在過門之後，母親才知道，褚家的經濟其實是不甚寬裕的。媒人的話，真是不可信，事實與預期的差距相去甚遠。但，後悔也已經來不及了。這對一位經歷過不是很幸福的童年及青少年的母親來說，又是一個偌大的打擊。

自此，母親展開了她另一段無奈的艱辛歲月。嫁到褚家之後，母親前後一共生下了十個子女—五個兒子及五個女兒（其中四女一男是在台灣光復前出生的）。我是排行第九，也是男生的老么，與母親的緣份最為深厚。

在那個既動盪又艱困的舊時代台灣，物資異常缺乏。說實話，光是要讓這十個孩子活得起碼的溫飽，絕對不是一件容易的事。父親雖為地主之子，但，事實上，家道早已不如往昔。

家裡的經濟始終沒有改善，也不知為什麼？父親一直沒有工作。但，母親總是不在兒女面前抱怨父親，只是隨口說，父親由於學歷不高，就業機會也少，因而不容易找到工作。——母親就是如此善解人意、體諒他人。

然而，生活總是萬般現實，家計的整個重擔全部落在母親一個年輕弱女子的身上，而母親也只能咬緊牙關，不辭艱辛地承受下來。唉！如果說母親是「貧窮地主之妻」，那可真是一點也不為過。

在這段艱辛歲月裡，為了貼補家計，養活龐大的這個家庭，母親只好設法做些小本生意，例如：挑著擔子沿街叫賣竹筍稀飯、綠豆湯等。雖然僅是蠅頭小利，但，在那艱苦年代的台灣，只要是對這個家有所助益的正當生計，母親都願意咬緊牙關地去做。

然而，由於生之者寡食之者眾，經濟真的是非常地拮据。為此，母親只得更勤快地尋求其他有助於家庭收入的來源。這期間，母親經歷過不少工作，包括；揉製米糠丸（自食兼販售）、擔任工廠雜務工、幫人洗衣、代工編裁竹籐製品，在台北車站販售香蕉，沿街叫賣燒肉粽、流動攤賣冷飲、開小本生意雜貨店兼漫畫書出租……等。

舊時代的台灣，典型的農業社會下，母親如此的一個婦道人家，要獨力肩負一家十口的生活重擔，可想而知，絕對是件相當艱鉅的事。

而我的母親，憑著她過人的智慧和堅定無比的毅力，逐一的加以克服，總算也安然渡過了她在歷經悲苦童年及青少年淬鍊之後，另一個她一生中最感困頓的歲月。

母親的這些艱辛遭遇，以及她對褚家長期以來，無怨的付出與無悔的貢獻，做為她子女的我們每一位，內心裡都充滿著言詞難以形容的感謝、欽佩、以及感動。

尤其是我，母親在三十五歲時生下我之後，便一連病了四個月左右，好像是腎臟部位的功能有些狀況。而當時醫療技術尚無今日水準，因此未能很快治好此病。好不容易才在一位中醫師的診治下，吃了三帖中藥，竟然幸運地痊癒了。

也許是當時為了生我，讓母親折騰了好幾個月的病痛，也或許是我和她的母子緣份格外深厚，日後的我，對她也特別地孝順（當然我的兄姊們也都非常孝順）。母親常對我感觸地說：「阿堯，你對我這麼孝順，應該早就把這些恩情都回報了吧！」

其實，我對母親所盡的孝順實在有限，那比得上她對我們這些子女所付出母愛的萬分之一呢！

於我而言，母親的前半生遭遇，是最令我感懷的悲苦歲月。她不僅面對了無數的困頓、吞下了無數的淚水，也對我的父親以及她的十個子女們，給予了至深、至情的包容與體貼。

而這些無怨、無悔、與無私的付出及奉獻，說明了她絕對稱得上是一位偉大的母親。如今，她那一段已是陳年往事的悲苦歲月，除了讓她的么兒經常感懷之外，她更已成為我這么兒心坎深處，一生的導師以及永難忘懷的偉大母親。

2 您是一篇讀不完的美好故事

誠如前一章以及前拙作「話我九五老母」一書中所言，我母親的過往歲月中，充滿著不少傳奇性。她非僅出身寒門，自小失怙成為遺腹女，前後更歷經了兩次不同家庭的養女及義女歲月。但，她卻從不怨天也不尤人。

長大成人之後，嫁為貧窮地主之妻。但家道甚為貧困，十個子女又先後出生，無比沈重的家計負擔，長期不斷的加諸在母親一個人身上。然而，她卻能夠隨緣認命，接受它，面對它，以自己堅強無比的毅力以及天生的智慧，不僅改善了家計，而且，褚家的家道更因母親而得以振興。

褚家當然不是達官之戶，也非顯貴之家，但，至少算得上是書香門第。她的孩子中有博士、有教授、有名師、有作家、有董事長、有總經理……等。這樣的光景，若與數十年前的豬家相較，真是昔非今比。

如果以母親身處的那個艱困年代，以及她的貧寒出身來說，能夠單憑著自己的一雙手，造就出如此均質的兒女出來，說實話，你不得不佩服她教育子女的成功，以及對子女教育的重視、堅持、與過人的遠見。

然而，這些看似平凡的成就背後，母親其實是付出了相當辛苦的努力與代價的。而這些辛苦的努力與代價的背後，尤其編織著不少令人感懷的陳年憶往。於我而言，母親的這些陳年憶往，就是一篇令我讀不完的美好故事。

雖然時光無法倒流，但，記憶卻是美好的。坦白說，記憶是一個人最寶貴的資產。因為，只要保有記憶，就能跳躍時空，讓你在一念之間，回到你想駐留的時空，去重溫及回味那些彌足珍貴的陳年憶往。

就拿我的孩提時光為例，母親足足大我三十五歲，兒時的我，對母親的印像必然是較為模糊的。但，總還是會有一些記憶較為深刻的。或許，它可能只是件極為稀鬆平常的小事，但，卻是一段母親美好故事中的精彩插曲。

故事中的小插曲，大約發生在我的學齡前。每當仲夏午後，我總依偎在母親懷裡睡午覺。母親由於家務繁重，每天必須午休片刻來恢復體力，而我弱小的身子就靜靜地側睡在她的身旁。

隔壁的西服店老闆，總愛把收音機的音量開得很大（不是廣播劇就是歌仔戲）。加上遠處夏蟬的叫聲相互較勁，說實話，要入睡並不容易。而母親或許是累壞了，很快地就睡著了。在一旁的我，不敢吵她，靜靜地望著母親漂亮又氣質的臉龐，沒多久，也就跟著睡著了。

半睡半醒中，忽然感覺到有一絲涼風吹來，是母親邊睡邊搧的風。仲夏的台灣酷熱非常，別說冷氣了，窮人家連個電風扇也不會有，熱了，也只能靠手扇來取涼。而疼我心切的母親，大概見我滿頭是汗，即使自己早已累壞了，但，還要為我搧涼。

坦白說，每次午睡，我這閒人都休息得比她還充足。因為，經常我從炙熱中醒來時，發現母親早已不在身旁。我知道，她一定又去忙她做不完的家事了。

雖然這些陳年小事，早已飛逝數十載，而我也由當年還懵懂無知的幼兒，成了一介花甲老者了。然而，至今回想起這些往事，卻又歷歷如昨。母親那慈美的容顏、柔軟的懷抱、溫馨的體香……，於我孩提的心靈，都是既慈祥又安全的保障……。

母親的這些種種……，似乎還只是昨天的事，不同的是，它早已成為我記憶金庫中，永遠讀不完的美好故事中的情節之一，而讓我想讀時，隨時都可以啟開來閱讀。

除了前述的童年憶往之外，近年來，母親讓我屢讀不倦的美好故事中，最令我難忘的便是，佛菩薩惠賜了我很大的福氣，讓我能夠在母親高齡八十歲至九十歲之間，前後有五次之多，親自帶著她旅遊了下列幾個國家：

民國八十五年（母親正值八十歲），我和妻子與兩個孩子，帶著母親到北歐四國（丹麥、芬蘭、瑞典、及挪威）與俄羅斯旅遊。此行也是在她八十歲以後，我第一次帶她出國。我非常高興，因為，此事對我意義非常深遠；尤其，能夠三代同遊，真可謂天倫情深，其樂也融融。

五年後的民國九十年（母親正值八十五歲），我一個人獨自帶著她首次到中國上海旅遊。在遠近馳名的上海灘前，母子同行於南京東路步行街，望穿繁華萬般的昔日十里洋場，為我留下了不少今生難忘的回憶。

隔年，民國九十一年（母親八十六歲），我再次一個人帶著她到上海二度重遊；當然，我們選擇了上回沒能造訪的名勝與特殊景點。尤其，專程登上了聞名的「東方明珠」，在高塔上往下俯望黃浦江以及繁華無比的浦東發展區。當時，母子二人滿懷不亦快哉的心情，誠非筆墨所能形容。

民國九十二年（母親已八十七歲），我把握時機，毅然決然地排除萬難，又再度單獨一個人帶著母親，飛到她長久以來就夢寐以求的日本「北海道」。不僅一償她多年來的宿願，此外，也共享了母子之間難得的二人獨處，而極其珍貴的溫馨親情。

事隔三年，民國九十五年（母親已是九十歲高齡），我認為母親的體能及精神仍佳，因此，我更是緊緊抓住機會，再度獨自帶著她飛往日本的「立山黑部」旅遊。在這有著「日本神山」之稱的「立山」上，讓我得以實際行動，向母親表達了內心深處的孺慕之情與反哺孝心。

如今，雖已事隔將近十年了，我卻經常記憶猶新地回想起，當年我陪著她老人家悠遊在立山的山頂。老母親右手拄著那支周遊多國的拐杖，我這么兒，則在身旁攙扶著她的左手。就這樣，我們母子二人倆，一步一步地走，走在立山的五月天。

啊！這畫面，何其感人?!又何其溫馨?!

回顧多次陪伴母親至國外的旅遊經歷，相信很少人能夠像我這麼幸運。尤其是，能夠單獨與母親同行的機會更是少之又少。而上蒼特別賜予我這樣的福報，我真是無限感恩。

坦白說，前述的那些經歷，在我的記憶金庫裡頭，著實創下了不少與母親之間的歡樂時光與精采片斷。這些於我而言，絕對是彌足珍貴的。

尤其，這些諸多歡樂時光與精采片斷，都是鋪設精彩故事的絕佳題材與情節，使得母親這一篇讀不完的美好故事，更是增色不少。同時，也為我留下了許多日後得以緬懷的難得憶往。

至今回想起，那些一次次與母親同遊的經歷時，說實話，我很高興自己在當時都能夠那麼果斷地下定決心。因為，擺在當下的，其實有著不少需要顧慮之處。而如果當時我稍加遲疑的話，那麼，許多寶貴的回憶就可能不復存在了。

為此，我真的很感謝母親對我的完全信任，也要很誠摯地感謝佛菩薩保佑，感謝祂的眷顧與恩賜，讓我有勇氣並果決地去做這些事。此外，也讓我母親的故事得以更加充實與美好。

總之，上蒼惠予我的如此偌大福報，我除了要感恩，更要懂得珍惜。真的，一個已過花甲之年的我，今天還能夠有著已百歲高齡的老母親可以孝順，這誠然是這一生中，我最大與最寶貴的福份。真的，由衷感謝佛菩薩恩典！

為此，我把這份惜福的心念與心得，訴諸筆墨來與我有緣的讀者們分享。

同時，我也要奉勸讀者們充分認知，母子或母女之間的關係是世間最真實及最寶貴的。因為，這種源自血緣的親情關係，是超乎一般情慾或利益的關係。尤其，母親對我們的愛，是無私的，是無所求的，是一種奉獻，也是一種犧牲。

可以說，母親和我們之間關係的建立與發展，其實，就是歲月的消長與延伸。而在這些關係與歲月的互動中，產生並譜下了許多精采情節，終於成為母親與我們之間彌足珍貴的一篇故事。

過去已成的故事，無論是好？是壞？當然，你已無法重寫。然而，未來的故事，你是可以編導的，也是可以鋪設的；至少，在某些程度上，你是可以影響的。關鍵在於——只要你有心。

別忘了：「樹欲靜而風不止，子欲養而親不待」這句千古名言的深處意涵。而如果，你確實感悟到其中真諦的話，那麼，你將會認同：

「母親是一篇讀不完的美好故事」。

3 看到日漸老邁的您，我無法不心疼

我是四十年代戰後的新生兒，如今，也早已過了花甲之年，可稱得上是一位老者。而母親足足大我三十五歲，高齡百歲的她，更可稱之為人瑞級的長者。每每想到此，就不禁感觸到「歲月催人老」的事實與無情。

尤其，那個年紀曾經尚未半百的我，似乎還只是昨天的事；竟然，十幾年的歲月就一眨眼飛逝而去。這種感觸更讓我想起了，蘇東坡在他的「念奴嬌．赤壁懷古」詞中：「……遙想公瑾當年，小喬初嫁了，雄姿英發。羽扇綸巾，談笑間，……多情應笑我，早生華髮。人生如夢，……」的心情寫照。

當然，我的感觸也不是純然為自己而發，畢竟，我雖然已老，但，也不至於太老，何況，我的心境仍然不老。事實上，我的感觸多半是為母親而起的。因為，看到母親的日漸老邁，我真的無法不感到心疼。

回想起，民國九十五年（母親正值九十歲高齡）五月時，我陪著母親悠遊在「日本神山」——「立山」的山頂，那既溫馨又感人的母子二人畫面。當時，我曾渴望著這個畫面能夠在日後重現。然而，忽忽已過十年，至今仍尚未有機會，再度親自陪她老人家出國旅遊。

我深知，旅行對母親來說，始終是她的最愛。然而，高齡已百歲的母親，無論是國外或國內旅行，其實都已不再是那麼方便了。尤其，母親這幾年來的體能，已經逐年逐月地在衰減，即便是我有心，想再度帶她出國旅行，真的已絕對不是一件容易的事了。

畢竟，歲月總是催人老。就拿已過花甲年華的我為例，體能與精神的「一年不如一年」，幾乎是不爭的事實。而年紀再大的八十歲以上長者，若要說「一季不如一季」，其實也並不過份。至於，近百歲的長者，那就更可想而知了。

由於母親與我同住，每天的朝夕相處，以及長期以來近距離的照顧她老人家，讓我比我的兄姊以及親戚們更清楚她的身體狀況。一般說來，無論是在精神上或體能方面，母親確實是比她同年齡層的人，好得許多。

然而，大家來探望母親時，都僅止於短暫時間的接觸。而且，會面時的母親，多半是坐在輪椅上應對；尤其，每當有訪客時的母親，也都會特別高興（她是一個非常好客的人）。因此，兄姊及親戚們都認為母親的精神及體能狀況非常好。

坦白說，最清楚母親實情的，只有我和長期在身旁看顧她的外傭Leta了。畢竟，母親已是高齡百歲的人了。以這種年紀來說，雖說她的狀況算是很不錯的了；然而，由於我是長期而且天天與她在一起，因此，經常會看到母親較為脆弱與令人不捨的一面。

以母親用餐為例，通常她的三餐都是在輪椅上用的（我為她準備了輪椅上活動式的小餐桌以及圍兜）。她吃得非常簡單，食物（較難咀嚼的菜餚都會先行切細）及餐具就全部放置在小餐桌上，以方便她就近取用。

我會儘量讓她自己動手，為的是，讓她能夠保持自理的能力。其實，她也喜歡自己動手，證明她還沒有那麼的老。可是，漸漸地，我發現她在以湯匙取食物或盛湯時，常會有力不從心的現象。經常是，一半的食物吃進了嘴裡，但，另一半食物卻掉在圍兜上。尤其，在喝湯時更是如此。

最讓我訝異的是，這樣的狀態有時她自己竟然不自覺。啊！母親何時變得如此遲緩？過去一向靈巧敏捷的她，如今已不復見。母親的日漸老邁，看在我的眼裡，真是心疼萬分。雖說人老體衰是自然的現象，但，對我而言，一時之間還真是難以接受。

母親長期以來，腰椎就不太好。有一次，她躺在床上，我想為她貼幾塊鎮痛貼片在腰部。我請她老人家稍微翻個身，沒想到，她竟然無法自己移動身軀。Leta在旁告訴我說：「阿嬤最近開始沒有辦法自己翻身了。」

換句話說，現在的母親自理的能力比以往差了許多。只要是躺在床上，尤其是夜晚，一覺到天亮都未曾翻身。我擔心她背部會有皮膚的問題，特別交待Leta，有機會就要幫母親多翻身以便透氣。每想到母親竟然老邁到無法自己翻動身體，我真的是無法不為她感到心疼與惋惜。

由於她的行動力愈來愈遲緩，平常也不敢讓她做太多的運動，因此，她的體能也就逐漸不如以往般的強健。不過，為了保持行動力，每天三餐之後，母親總會以四支腳柱的助行器，在室內來回走兩趟，這算是她一天中的主要運動了。但，往往這也消耗了她不少的體力。

最令我看了難過萬分的是，某次，母親要如廁，Leta兩手攙扶著母親的雙臂，舉步維艱地好不容易才走進了浴室。我在後面靜靜地望著母親的背影，她躬著日漸彎駝的背（母親兩年前還是很硬挺的），非常遲緩地移動著她的身軀……。這是從小至今，我第一次真正感受到，我敬愛的母親她是如此的老態龍鐘……。

啊！我真的無法不心疼，當我看到我日漸老邁的母親。

母親的日漸老邁，不僅如上所述。一直以來，我為了幫她保持腦筋及反應的靈敏，也會利用假日，戴她到新竹科學園區的「靜心湖」，沿著環湖步道，親自用輪椅推著她在湖濱散步。

我們一面欣賞那兒的湖光景色，水中魚龜，樹梢松鼠，以及林間小鳥；一面也曬曬太陽，呼吸新鮮的空氣。我時而推著母親走，時而和輪椅上的她聊天。偶爾，也會讓她下來走走。她的右手拄著拐杖，我則在左側攙扶著她。過去，當她體力好的時候，也還能走上二百公尺左右呢！

然而，歲月真的是不饒人，近期母親的體力已大不如從前。同樣的路線及路況，即使她有心想走得更遠些，但，我攙扶著她，能走上五十公尺，也已算是不錯的了。

對於一向堅強好動的母親而言，這樣的距離自然是不滿意的。我則在一旁安慰著她：「媽！您都已百歲高齡了，能夠走得這麼遠，已經算是很厲害的了。」

話雖如此，其實我內心裡還是一陣難過。想當年，她正值九十歲時，我帶著她上

「日本神山」——「立山」的山頂。依然記得，從山腳到山頂上，前後必須換乘六種交通工具，加上必要的徒步路段，這對母親而言，無論是體力和精神都是高難度的挑戰。然而，母親卻能輕鬆地完成這項壯舉，真是令我和當年同行的團員們萬分佩服！

如今，短短的五十公尺行程，母親竟然已經力不從心了。也許不相干的旁人會認為，就一位百歲高齡長者的體能來說，這應該算是正常狀態吧！但，對我而言，真的是很難接受。我心裡一陣難過，昔日立山山頂上那位英姿煥發的母親，您在那裡？

唉！母親真的是老了！怎能不老呢？我這排行老九的么兒都已年過花甲了，母親又怎能不老呢？我當然不想也不願看到母親的如此。但，我又不得不去接受與面對。畢竟，母親真的是老了，而這是個無法爭辯的事實。

問題是，我該如何面對與因應呢？日常生活中的食、衣、住、行、與生理上，對母親更貼心的照顧，這點自然不在話下。況且，還有好幫手外傭Leta的悉心協助。因此，這方面的問題並不大。

但，母親心理上的調適，才是我需要花費更多心思的。試想，一個向來聰慧、靈敏、健康又能幹的人，如今，卻處處都必須仰賴別人；而且，許多事情想自己來，卻總是力不從心。因此，我常常將心比心，如果換我是母親的話，會是如何想？

顯然，幫母親做好心理建設，絕對是首要之務。我時常安慰她老人家說：「媽！人老力衰是很自然的現象，您的狀態比一般同年齡層的人好得許多。請別擔心！我會全力來照顧您的。」總之，讓母親接受事實，並幫她排除擔心與得到安心，這點是非常重要的。

此外，更重要的是：如何讓母親感覺到「活得很有尊嚴」。千萬別以為，把母親的生理需求照料好就夠了，其實，心理層面的關懷尤其重要。更別以為，把照顧母親的事交辦給外傭，就算已盡到義務了。事實上，兒女親情的真誠付出與體貼，才是母親願意繼續活下去的最大動力。

總之，當我看到母親年復一年、月復一月、日復一日的逐漸在老邁，我真的無法不心疼。為此，有了上述的感慨、想法、與做法。同時，我也誠摯地寫下這些心得與經驗，願與天下為人子女們共勉之，希望大家能夠及早醒悟、及早行動、並及早珍惜！

4 請甭擔心您的老，我會角色互換對待您

我曾經說過，照顧母親的日常食、衣、住、行、與生理上的需求，這方面的問題並不太大。但，母親在心理方面的調適，反而是我要更加費心的。換句話說，除了照顧母親的身體之外，也不可忽視她在心理上的變化與需求。

通常，我們在觀念上會習於一種慣性思維，因此，在行事上也經常會依循過去的慣性模式。就以我和母親之間的互動為例，母親雖然已屆百歲高齡，但，長期以來，我一直只是把她當成大我三十五歲的母親來看待。

這樣的心態會有一種錯覺，會只把重心放在，母親充其量就是大我三十五個年頭罷了，而忽略了她的實際年紀真的已經非常老了。其實，我和她年齡之間三十五歲的等差，是打自我出生以後，每年都不會變的，但，並不代表年齡不會變。

然而，歲月無情，總是催人老。年紀尚輕的時候，我從來不覺得母親的老。因為，她總是給人一種慈眉善目，福慧氣宇的感覺。那種容顏與氣質，你不會把她和老字聯結在一起。此點，絕非我一廂情願的說詞，事實上，我的兄姊及親朋好友們也都有同感。

這樣的心態至少一直持續到，民國九十五年母親正值九十歲時，我獨自帶著她飛往日本「立山黑部」旅行的前後。真的，在此之前，我的印象中，從來不認為母親已經老了。

可惜的是，在那之後幾年以來，如此高齡的母親，即使原本再怎麼健康，也必須順應自然的老化。她的身體機能狀態已經逐日地在遞減中，一些老年人常見的慢性病症，也不可避免地陸續出現了。

所幸，母親的健康狀況，相較於同年齡層的其他人，還是好得許多。尤其是在心智方面，她算是很不錯的了。這該感謝佛菩薩的保佑與加持，當然，我也必須更竭盡所能地照料她。

話雖如此，母親的日漸老邁，卻是不爭的事實。而體能日漸老化的母親，在照顧上其實也增加了不少需要注意的事項。一般說來，在日常生活起居上，倒也還不是什麼問題。但，除此之外，還有其他諸如：醫藥品、保健品、看診、心理建設……等事項，才是更需要費心處理的。

說實話，一般人見到百歲高齡的母親，通常多半只會想到或說道：「您真是好福氣啊！好令人羨慕！」，而很少人會想到這背後的照顧問題，其實是沒有局外人想像中的那麼單純及容易的。

畢竟，也真的不多人有如此機會，能夠那麼近距離地親自照顧一位百歲高齡的老母親。換言之，多數人也只是在外圍，充其量，扮演著一位探望者或寒暄者。因此，真正能夠與母親的心感同身受的程度，其實是很片面、很有限的。

而我何其有幸，能夠有這樣近距離的機會，日夜陪伴及照顧母親。說實話，我並不以為苦，甚至，我認為那是我的福氣。可不是嗎？一個已過花甲之年的我，還能夠有著一位百歲高齡的老母親讓我來孝順，當然是個很大的福氣！

說實話，這樣的福份並非任何一個人想要就求得到的。想到這，不由得讓我更感謝上天對我的特別眷顧。當然，我也必須更加的珍惜及把握，將這份感謝之心化做具體的行動，好好的照顧和我特別有緣的老母親。

尤其是日漸老邁的母親，她在心境上的轉化，更是我要特別注重及關心的。一般人常說「老小老小」，確實，人如果老到一定年歲之後，心態上也會隨之「老而小」。為此，母親在身心靈各方面，我當然都必須全方位地妥善關心與照料她。

偶爾，母親總會不經意地對我說：「唉！活這麼久做什麼！什麼事情都必須仰賴別人才行，也真是拖累了你們這些兒女及媳婦們。」母親真的是如此想，因為，她向來就是一位很會為別人著想的人。但，我就是最怕聽她說這樣的話。

每回聽完她說類似的話之後，我的心裡就非常地難過。我當然知道她老人家內心的矛盾，一方面既感謝佛菩薩恩典，賜給她如此福壽及孝順的兒女與媳婦們；一方面也感到不捨，不捨我們這些兒女為她所做的一切付出與心力。

其實，母親根本毋需這麼想，因為，她年輕時對褚家所有子女的偉大奉獻，我們每一位都銘記在心。坦白說，她值得我們為她這麼做。易言之，孝順她老人家，我們做得心甘情願。更何況，這其實就是佛菩薩的美意安排。

我經常對她說：「媽！您不要想得太多，您會有一群好兒女及媳婦們來孝順您，那是由於您上半輩子辛苦的付出與耕耘，一切都是您應得的。因此，請不要有一絲牽掛，就寬心的接受吧！」

好幾次閒聊，她總是對我說：「阿堯！媽這麼老了，實在不必為我花太多的心力和時間。倒是應該多關照些你的妻兒以及自己的身體，畢竟，你也已是年紀不小了。」

我當然知道母親的心意，即使做子女的我們這麼想，這麼說，也這麼做，但，母親依然有她自己考量的處境及想法。尤其，這些來年她定居在我這兒，她總是對我及妻照瑩深感歉意，因為我上面還有三個兄嫂可以共同分擔，但，我卻主動而且很樂意地一手承接下來。

雖然我總是很誠懇地安慰她：「媽！您已百歲高齡，真的不宜再輪流到其他兄嫂那邊住了。更何況，四個兒子中您與我是最有緣的。大家都知道，您最喜歡住在我這兒，而我也最希望您與我同住，我們就如此隨緣好嗎？」

好不容易才暫時安下了她的心，不過，我知道她的內心深處，依然存在著某種程度的擔心。畢竟，母親已是百歲高齡。別說我完全沒有經驗服侍如此高齡長者，說實話，這世上有這種經驗的人，恐怕也不算太多吧！

所幸，由於我很用心，在這幾年近距離照顧母親的經驗下，我很清楚母親的生理狀況，以及她的習性、偏好、與喜惡、……等。因而，有助於我能夠儘量的把母親照顧好。

我也深知，心理與情緒的狀態對一個人身體的健康，有著很大的影響。尤其，對高齡百歲的母親而言，該如何幫她維時一個平衡與穩定的心理與情緒，其實更是我要特別留意的重點。

想想，一個百歲高齡的長者，從來不曾想過自己會活得這麼久。對於充滿未知及不確定的未來，當然也難免會感到一絲惶恐或疑慮。尤其，眼看著自己的兒女們，個個也都紛紛步入了老年，就連我這個老么，也已是花甲之年了。

這樣的情景，對於我這位老母親的心境與感受來說，真的是百感交集，更是筆墨所難以形容。

為此，我總是提醒自己，如果懂得孝順的話，首要之務便是，要先設法安定她老人家的心，做好心理建設。換言之，她的心理與情緒必須要處於正向的狀態。唯有這種正向的導引，才能幫助她老人家激發高度的生命動能，她的身體也才會健康。

事實上，我前文幾段所談的內容，就只是下面這一個重點：

「今天，百歲的老母親，如果我是她的話，我心裡在想些什麼？我會希望別人怎麼對待我？……」

關於這樣的問題，我又該怎麼回答呢？

我想，重點也正如同本篇章名所述：

「請甭擔心您的老，我會角色互換對待您」。

雖然，它只是一句簡單的話語，但，背後的意義卻是深遠的。而關鍵則在於同理心的發揮：要為她「設身處地」；要從她的角度「將心比心」；要給她「她想要的」，而不是給她「你想給的」……。

總之，重點就在於—我和母親之間做了一個「角色互換」。唯有如此，我才能夠更清楚及具體地，瞭解與掌握到母親內心深處的想望。以下，是我努力的方向與重點：

•母親雖然老邁，但，不是家人的累贅，她依然是大家的寶貝。

•她是家中輩份最高的長者，永遠受到我們的敬重及愛戴。

•母親的話仍是有份量的，我們會儘量遵從及採納。

•讓她確實感受到：不僅活得自在，而且很有尊嚴。

•對母親的一切關照必須有心、具體，不能只是口惠而實不至。

我是真的很「有心」也很「用心」地這樣在做，同時，藉著本文將我的心得及經驗與讀者們分享。最後，願天下所有為人子女者，能夠參考我的方式，好好孝順你的父母。我相信，你絕對做得到—只要你「有心」也「用心」。

5 我會用愛心和耐性，陪您繼續走人生

一般說來，人的年紀愈大，就會愈感到孤寂。可不是？小時候有兒時玩伴；念書的時候，有不同學齡時的同窗及好友；上班之後有同事及夥伴；結婚後有伴侶及子女……；而年紀再大的時候，則會有孫子輩在你的周遭。但，你也會發現，他們與你的互動關係卻相對以往更為淡薄了。

換句話說，與你的年紀高低顯著成反比；也就是說，隨著年歲的增長，友情與親情相對地愈加孤寂。此點，幾乎是必然的現象與趨勢。當然，現代人的壽命較長，生活方式也較為多元化，因而，那種感受孤寂的年齡也相對地延後了許多。

不過，對那些超過一定高齡的長者來說，其處境與感受則又不可同日而語。就以我高齡百歲的母親為例，她的同年齡上下的熟人，無論是同學、朋友、手足、或親

戚，很多已不在世上了。因此，如果要說孤寂的話，那肯定是孤寂難免。

說實話，面對老一輩熟識的人一個個的離開，她的孤寂感當然會隨著歲月的飀逝而遞增。試想，當母親認識的人，漸漸的只剩下她自己的子孫。這時候，子孫們如果再不懂得貼心與主動關懷的話，揮之不去的孤寂感，自然是籠罩在她老人家生活的周遭。

所幸，母親是幸運的。她一生虔誠篤信南無觀音菩薩，而佛菩薩們也很厚愛她，恩賜她很大的福報，讓她擁有一群孝順的子女及兒媳婦們。因此，坦白說，在子女及兒媳婦們給她的關愛這方面，母親是不孤寂的。

尤其是我，並非我刻意誇示自己對母親的孝行，但，不諱言地說，我的兄姊及認識我的親朋好友們，他們都滿肯定我對母親的孝行。我這麼說，並沒有其他的特別目的。只想談談一些心得，與天下為人子女者們分享我的經驗而已。

那麼，要如何讓我這位年屆百歲老母親的孤寂感得到釋懷呢？首要之務，還是在於心理建設。在平常和母親的互動中，我會有意無意之間，讓母親經常感受到，無論她的年紀有多大，身體再如何地日漸老邁，但，請她都毋需擔心，因為，我會在身旁好好的伴隨她。如果要用言詞來表達的話，那麼，大意是這樣：

「我會用愛心和耐性，陪您繼續走人生」。

其實，一般人之所以感到孤寂，通常是身邊的親朋好友離你遠去，或者，他們還在身邊，但卻沒有對你付出一定的關懷。而不管是何者原因使然，日子久了，任何人遲早都會不堪這種孤寂的。

因此，我對母親的作法是，先安她的心。我讓母親相信我，無論她的年紀有多大，我都會很樂意陪伴她繼續走人生。請她絕對不要擔心自己的老邁會造成我的累贅或負擔，也請她相信我和別人是不一樣的，我有自己的正念和想法，請母親絕對放心。

當然，能讓母親安心的話語，是一定要說的，但，不能僅止於言詞而已。如果光說不做，或做得很有限的話，母親遲早也會失去信心的；隨後，不安的心也會接著而產生。因此，具體的付諸行動，才是讓母親放心的不二法門。

談到具體的行動當然不勝枚舉，不過，有兩大重點是必須強調及掌握的，那就是「愛心」與「耐性」。聽起來，好像稀鬆平常而沒有什麼新意似的，但，真要做得好的話，那可也絕非容易的事。否則，近代社會中「世風日下，人心不孝」的事例，為何到處可見？

其實，只要有心的話，「愛心」及「耐性」也沒有想像中的那麼困難。想想我們仍在孩提的時候，母親是如何在對待我們的？坦白說，當時的你我自然是沒什麼感知的，因為，我們還在懵懂無知的年齡嘛！

可是，直到我們為人父母時，就很容易體認及感受到，當我們小的時候，父母會是如何地在拉拔我們長大成人？我們之所以能夠順利成長，那可是父母親付出了無止境的「愛心」，以及無可限量的「耐性」。尤其，母親的付出會是更多。

如今，母親已年屆百歲，非常地老，而一般所謂的「老小年華」，就是如此——「老小老小，老即是小」。而想要照顧如此高齡的老母親，無論是在身體上或是心理上，我都必須像照顧小孩般地對待她。換句話說，要付出更多的「愛心」與「耐性」。

此處，我還是想再透過數年前，「天主教失智老人基金」所提供的那篇短文——「孩子，等我一下」，來喚起為人子女者對高齡父母必須貼心照顧的重視。雖然，這篇短文不到五百字，但簡單平實的內容背後，卻是語重心長、發人深省。

每每看到短文裡「孩子！當你還小的時候，我花了很多時間，教你慢慢的用湯匙、用筷子吃東西；教你繫鞋帶、扣釦子、溜滑梯；教你穿衣服、梳頭髮、擤鼻涕；這些和你在一起的點點滴滴，是多麼的令我懷念不已……」諸如此類的內容，總會教我心生觸動、感懷不已。

可不是嗎？我這百歲高齡的老母親，在六十幾個年頭以前，當我還是孩提少年時，她就是如上所述，將我一點一滴、一步一腳的拉拔長大。想當然爾，母親當時一定是為我付出了難以數計的「愛心」，才會成就今天的我。

如今，我的成長，犧牲了母親的青春歲月。即使，我也早已遠離年輕而步入了老年；但，母親更是由老年步入了老老年。就在這個時候，我又怎能忘記這位在我孩提時，曾經為我付出了浩瀚「愛心」的老母親？而我又怎能不在她已日漸老邁的高齡歲月，也以無盡的「愛心」去回報她過去的養育之恩呢？

尤其，每當看到短文中「孩子！你記得我們練習了好幾百回學會的第一首娃娃歌嗎？是否還記得總要我絞盡腦汁去回答不知從哪兒冒出來的『為什麼』嗎？……就像當年一樣，我帶著你一步一步地走。」時，我總是無限感慨。

我當然早已忘了，母親教我的第一首娃娃歌是什麼？我當然也忘了，孩提時自已向母親所提出的那些層出不窮的「為什麼」問題？更忘了，當年母親是如何帶著我一步一步地走……。

這些種種過往，真的是往事如煙。輕易地，大家都把它給淡忘了，而我也忘了。

直到近年來，每每看到日漸老邁的母親，她那熟悉卻已老態龍鐘的背影，就喚起了我記憶的種子，帶著我神遊在那無限珍貴的記憶甬道……。

我彷彿見到她正在不厭其煩地教我哼唱那首日本童謠「桃太郎」，一次又一次地……；也彷彿見到母親在灶頭前炒著菜，而我站在她的身後，無厘頭且不停地問一些挺煩人的問題，然而，母親總是很有耐性地回答著我……。

思緒一幕幕地飛閃而過，我更回想起那不知童年何時，母親左手提著菜籃，右手則牽著我，一步一步地前往南門市場買菜去，……，那一大一小、一高一矮的母子背影，呈現出溫馨無限的畫面。……

我想，那些陳年憶往的兒時記趣，每每讓我這位已過花甲之年的老者，不禁思及，母親當年是如何的疼惜我？除了奉獻出她無窮的愛心之外，更付出了她無盡的耐性。而母親之於我的這些種種，又怎能不令我既感恩又感動呢？

而今，而今啊！稚子已老，而慈母更已步入百歲高齡。嘆時光飛逝之無情，恨歲月催老之無奈。想到今天的老母親，她吃飯時必須帶上圍兜；喝湯時經常會有一半的湯水流到碗外；她的腳已無法站立太久；走路時也總要仰賴助行器；長距活動時更需藉助輪椅來代步……。

看著看著母親如此的漸次老邁，一時間還真難以接受。雖說，人老力衰是自然的常態，但，目睹著自己的老母，體能一日不如一日，於心總是不捨。說真的，我恨不得能夠將自己的精力分些給她，也真希望未來的日子，千萬別飛逝得太快，而讓我能夠有更多的時日，好好陪伴母親。

寫到此，我除了警惕自己之外，更要提醒及奉勸天下所有為人子女者，一定要及時把握住，能與父母共處的寶貴時日。千萬別以為，這種日子是會恒常永駐的；相反地，它其實無時無刻，正如同沙漏般的分秒在流失中。

這世上，我看到了太多的人，對此事的不經意與陌然視之，不禁為這些人感到無限惋惜。奉勸天下所有為人子女者，要深切的認知：失去的日子，永遠不會再回來，而剩下的時日，也終必會愈來愈少。

讓我們靜下心來，好好想一想：我多大年紀了？母親有多老了？我常陪伴她嗎？我還有多少日子可以陪伴她？……

真希望你們也和我一樣，常常付諸具體行動，並且，不吝惜向我們的母親說出：「母親，我會用『愛心』和『耐性』，陪您繼續走人生」。

▌母親早期在家中親自下廚（剛搬至綠水路新家不久）

▌開車出遊時，母親總是坐在我駕駛座的右方，便於我向她導覽

母親於住家大廈大廳門口前留影

母親與我於綠水路住家大廈花園步道留影

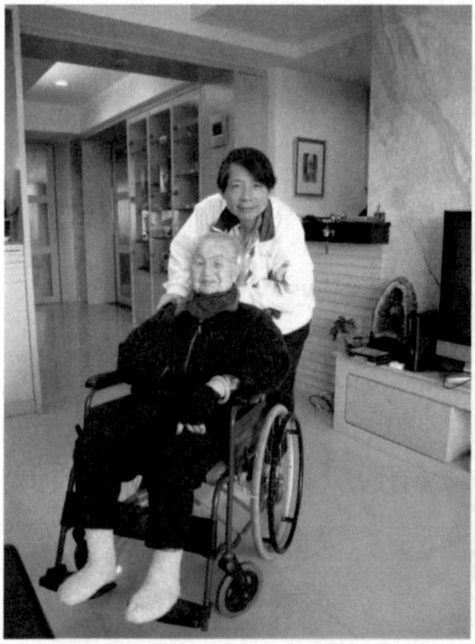

假日我陪母親在家中客廳聊天

母親與我攝於綠水路自家大廈前之花園步道

宏深夫婦來訪，與母親及我於綠水路大廈樓下所屬公園合影

母親與我造訪宏康夫婦在寶二水庫附近的農地

我摯誠地將為母親書寫的“話我九五老母”一書，率先呈獻給母親先睹為快

▌母親拿到我專門為她書寫的“話我九五老母”一書後，舉起大拇指肯定我

▌母親於家中客廳內，觀望落地窗外的媳婦照瑩，正在整理陽台上之盆景

我與母親於家中客廳合影（女兒彥希文定時）

母親以助行器站立於我房間書桌前，欣賞昔日我和她在北海道買的紀念品

母親戴著圍兜在個人餐桌用餐，我在一旁陪她用早餐

母親早上隨著華藏衛視台的念佛節目，虔誠敬頌阿彌陀佛聖號並回向我

母親在書房內的喬山（Johnson）跑步機前，督促我要經常運動

母親在家中客廳享用早餐

母親細心地為我縫補背心上脫落的鈕釦

將“母親，慢慢來，我會等您”（第二本書）呈獻給母親，她很欣慰

母親、寶玉阿姨、和我攝於竹科靜心湖畔

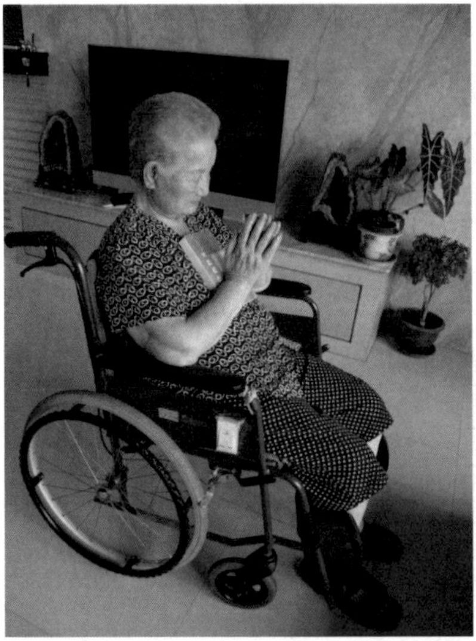

母親祈求禪宗六祖慧能大師的加持（胸前抱著我每天敬誦後都回向給她的六祖壇經）

母親同時也在她的房間內，每天早晚禮佛兩次

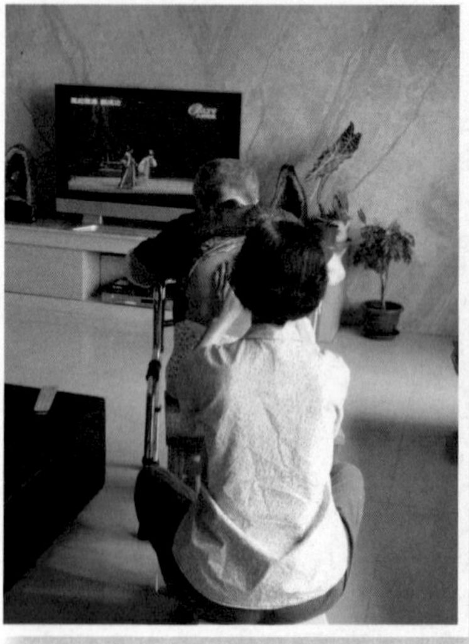

妻照瑩善意地為母親按摩及推拿

我帶母親至宏康夫婦位於寶二水庫附近的農地參觀

母親從年輕時至百歲高齡，一輩子都愛用的丸竹香粉

母親於家中客廳，翻閱著我為她寫的第一本書中的照片

母親閒暇時，在客廳閱讀我為她寫的前兩本專書

在家中客廳長椅上，我幫母親修剪指甲

我在客廳親自為母親修剪手及腳指甲

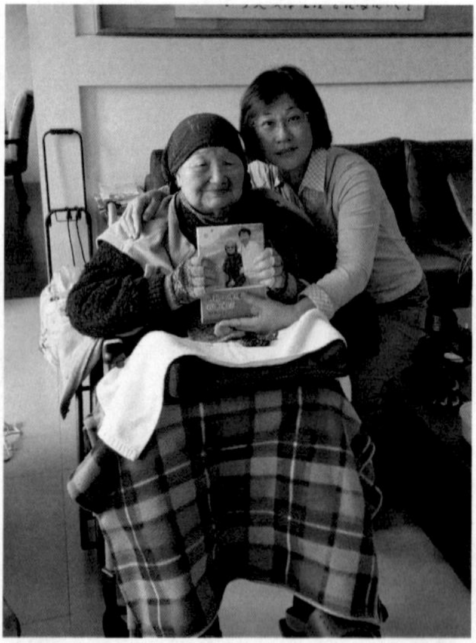

▌母親將我為她書寫的第二本專書送給欣容

▌母親下午隨著華藏衛視台的念佛節目，虔誠敬誦阿彌陀佛

母親於住家大廈花園步道及車庫門口前留影（我的車位在內）

母親於家中客廳落地窗旁，邊用午餐邊曬太陽

我最喜歡母親過年時必做的拿手私房菜——黏錢文

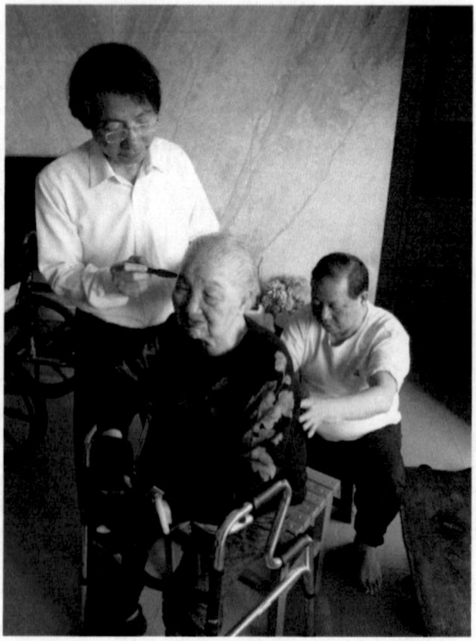

我每天都為母親按摩，四哥技巧較好，他來探望母親時，也幫忙按摩及推拿

母親與Leta早晨自博愛街的交大校園散步後返家，路經樓下的東園國小校門

在家中散步經過佛堂時，母親總是不忘虔誠地敬拜觀世音菩薩

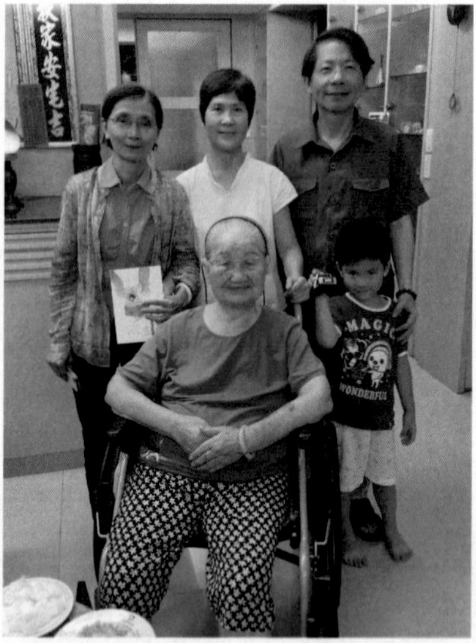

▍綉金專程來探望母親，於家中客廳合影

▍母親於家中陽台做操、深呼吸、及觀賞對面十八尖山山景與樓下之東園國小校園

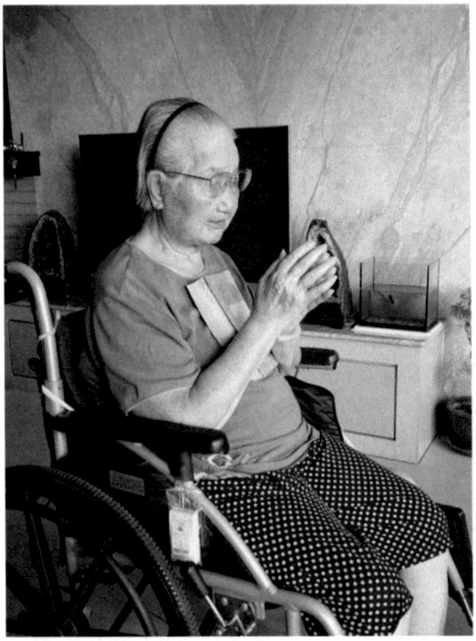

我每天都將敬誦六祖壇經的功德回向母親，她雙手合十敬拜六祖慧能大師加持

我帶母親至宏深夫婦竹北家，母親興致勃勃地彈著鋼琴

為方便母親梳理頭髮，四姊和我陪她到新光三越的愛德蘭絲買了一件假髮試用，效果不錯

清晨母親於博愛街交大校園，與友人們合影

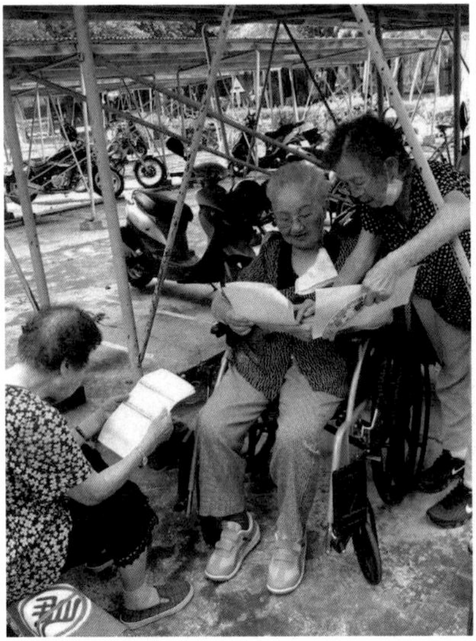

清晨母親於博愛街交大校園，與友人們唱歌同樂（母親是她們的老大姐及人氣王）

清晨母親於博愛街交大校園，在大樹下做健康操

我陪母親在綠水路住家大廈樓下之花園步道賞花

清晨如果沒有到博愛街交大校園時，母親就在家中陽台做健康操、深呼吸

▌母親重視儀容的整潔，每天清晨都慎重地自行盥洗及梳理

▌母親近期仍然保持良好習慣，以助行器在家中散步

▌母親經常用四腳助行器在家中散步運動，偶爾也赤腳步行（天氣不冷時）

第二篇

我會感同身受，更大耐性護持您

這些年來，我總是隨時提醒自己：如果我是母親，現在最需要的是什麼？而最期待的又是什麼？顯然，答案絕非吃什麼好東西？或穿什麼漂亮衣服？也絕對不是給她多少錢？因為，這些物質相關的東西，對高齡百歲的母親而言，她老人家早已視其為身外之物而無足輕重了。

而母親最在意的，其實是她對生命存在意義的更深層感受。她希望自己的存在，不會是別人的累贅，更不會是別人的一個包袱；這樣活著，對她才有意義。

換句話說，母親她老人家的內心深處，必然是希望能夠「活得很有尊嚴」。這也是多年來，我在近距離照顧母親以及長期互動下，所體驗及領悟出來的心得。

基於這些深入的體驗及領悟，因此，母親，請相信我！「您的老，我會感同身受，並付出更大耐心」。也請您放心！我會隨時提醒自己，每天都要注意並確實做到下列的重點：

＊「您說話時，我會耐心地聽，不會打斷您」

＊「您的任何動作都慢慢來，我會等您」

＊「您的任何麻煩，我都不會厭煩」

＊「您的日漸遲鈍，我也不會不耐」

＊「您的體能再弱，我也會全力攙扶您」

＊「當您無聊時，我會陪您閒話家常」

＊「當您健忘時，我會給您更多時間回想」

＊「我會耐性地當您聽眾，讓您常感溫馨」

＊「當您孤寂企盼時，我不會讓您等太久」

＊「您的嘀咕或責備，我都甘之若飴」

尤其，如今您已百歲高齡了，但，請您別擔心，因為：

＊「我會更悉心照顧您，也呵護您的尊嚴」

6 您的老，我會感同身受，並付出更大耐心

偶爾，會聽到母親不經意地這麼說：「活得這麼久做什麼？老是拖累你們這些兒女們！」我知道，她的話是無心的，但，也感受到她內心的一絲無助與幾分矛盾。畢竟，她向來能幹、自立、與自主，而今，一切卻都必須仰賴他人的協助，又怎能不令她感到幾許悵然呢？

我雖然完全能夠體諒她的心境，但，每當聽到她類似的話語，我內心的同理與不捨之情，總是油然而生。為此，我常勸慰她：「媽！您千萬別這麼想，您並沒有拖累我，我做得很心甘情願，沒有一句怨言。」

「而且，我總是告訴我自己，年過花甲之年的我，還能夠有著您這位百歲高齡的老母親讓我來孝順，那是我偌大的福氣，又怎麼會是拖累呢？」

「更何況，您能夠活得如此高壽健康，那是佛菩薩保佑及恩賜給您的福報，別人想求也未必求得到。因此，您就坦然的接受這難得的福報，也放寬心地讓我來孝敬您吧！」

母親雖然能夠聽得進我的勸慰，但，我知道，她對於這些年來我為她的付出，於心總還是有些不捨。因為，我是她的么兒，我的上面還有三對兄嫂，他們也都很孝順；只是，幾年來，母親都固定住在我這兒，她認為一定會對我和妻造成較多的麻煩和負擔。

其實，這並非如她所想像的那樣。坦白說，我們非常樂意照顧她，也一直將她能夠與我們同住，視為一件很美好的事。平心而論，在她的子女中，就以我和她的緣份最為深厚了，而她對我一生的影響也最為重大。因此，我之所以對母親會特別孝順，顯然，也是應該的事。

在母親還不算太老的時候，照顧她的問題並不太大。大致上，早期的外傭Marry以及現任的Leta，她們都把母親照顧得很好。然而，隨著母親的年紀愈大，在超過九十歲之後，尤其，百歲高齡的此刻，照顧母親的事，已不再只是日常起居的打理而已。更重要的是，還有心靈上的照護問題。

而這方面的照護，坦白說，並不是外傭可以取代的。因為，即便是外傭可以做或有心做，但，畢竟還是外人，那種感覺對於母親而言，其實是有很大不同的。

然而，經常可以發現，很多聘請外傭來照顧家中老人的家庭，很輕率的就把責任全然交給了外傭處理，之後，卻很少用心去過問。總以為這麼做，就已算是盡到人子的責任了。

其實，這樣的心態及做法，錯得太離譜了。我這麼講，並非說外傭都沒有感情。只是，一定要清楚認知，外傭之所以離鄉背井來台，主要目的當然是為了賺錢。而如果你自己都不夠關愛你的父母了，那麼，你又如何期待這非親非故的外傭，她會比你更在意及關心你的父母呢？

我就曾經聽說，某家的外傭經常推著輕度失智的阿婆到外頭，時而與其他的外傭會合在某定點聊天或聚餐，甚至到更遠的地方去郊遊。離譜的是，僱主竟然經常找不到她的行蹤，尤其令人失望的是，後來僱主也沒有積極去追問。

試想，這樣的照顧品質，又怎麼可能會好呢？外傭一定會這麼想：「老闆都不很關心他們的長輩了，我又何必太認真！只要不出差錯，安然的把她送回家去就好了。」久而久之，大家也都習以為常了。然而，最可憐的，當然就是這位阿婆了。

當然，我絕不會是這樣的傭主。聘傭外傭來幫忙，固然有其重要性，但，只能視為幫手，而不能就此全然仰賴。此外，外傭到任初期時，更需好好訓練並做好工作規範，否則，將來的問題及缺失，一定會逐漸顯現出來。

這方面我下了很大的工夫，而且，我們家人對外傭都非常善待。因此，從第一任的外傭Marry（她照顧母親六年），以及第二任的Leta（她前後也已待了九年），說實話，她們都把母親照護得非常好，我們家人都由衷地感謝她們。

雖然如此，但，我仍然覺得不夠。我以為，外傭的妥善照護，當然是絕對必要的，但，身為母親兒子的我，如何在心靈方面及精神層面，以實際行動付出更多的關懷與心力，那才是母親在她生命意義及生活品質上所最需要及最期待的。

我總是隨時提醒自己：「如果我是母親，現在我最需要的是什麼？我最期待的又是什麼？」

當然，我也很清楚母親最需要及最期待的，絕對不是吃什麼好東西？也絕對不是穿什麼好衣服？更絕對不是希望給她多少錢？這些物質方面的東西，對如此高齡的母親來說，早已視為身外之物而無足輕重了。

此外，近年來，我早已覺察母親較為在意的，應該是她對生命存在意義的感受。

如果，她感受到自己的存在，是別人的一種累贅或是一個包袱的話，那麼，她會覺得生命的意義相對薄弱了許多。

因此，如何讓母親時時感受到「活得很有尊嚴」，絕對是一個非常重要的課題。而這也是近些年來，我在近距離照顧母親以及多次互動下，所體驗及領悟出來的心得。

它雖不是件什麼大道理，但，也絕對不是個小道理。因為，它說起來似乎很容易，但，做起來，卻會是超出你想像中的困難。真的，如此高齡母親的心路歷程，也絕非一個年輕她甚多的後輩可以全然領會得到的。

就以在床上睡覺或休息為例吧！母親只要是躺在床上，尤其是晚上就寢之後，一覺到天亮之前，她未曾翻身。不是她不想翻身，而是她的體能無法自己翻身（她的腰椎曾經受過傷）。你很難相信吧？但，這卻是一個事實。

也別以為這只是一件小事，對向來堅強獨立自主的母親來說，那可是讓她感到既挫折又洩氣。她就曾經無奈地對我說：「阿堯！我怎麼會變得那麼沒用？連翻個身、起個床都不會，還得靠別人來幫忙。」

我知道她的內心既失望又難過，趕緊安慰著她說：

「媽！快別這麼說。想想您都已是百歲高齡的人了，雖說動作沒有以往那麼的靈敏，但，一切作息都很正常，這樣的表現已算是很不錯的了。」

當然，安慰歸安慰，更重要的是，如何協助她解決這類的困擾。有關這方面的照料實務，Leta在我的引導下，其實已經做得很好了。只是，家人的進一步關懷，才更是不可或缺的要素。

我們都有這樣的基本常識：心境與情緒往往會影響一個人的健康狀況。因此，我會特別留意母親的心情狀態。說實話，我幾乎可以望一眼母親的臉色，就大概知道她當下的心情，因為，我不僅很用心，而且也很細心。

總之，我既然深知，母親很不希望因她而成為我的包袱及負擔；為此，我就更必須營造一個自然而圓融的氛圍，讓她相信我，能夠有這樣的因緣照護她這麼一位長者，絕對不是我的包袱或負擔，而是我的榮幸。

而如何營造這樣的氛圍呢？為此，我常在自己心裡這麼想，也常對自己這麼說，並付諸實際行動讓她確實感受到我下列的誠意：

「您的老，我會感同身受，並付出更大耐心。」

而這也是本章的主題，我特別提出這些觀念與重點來與大家分享。要知道，天底下的母親也許會不只一位兒子或女兒，但，絕對不能忘記的是，你卻只會有一位母親。而這一位母親是生你、養你、育你……的大恩人。如今，你長大了，她老了，你不孝順她，你又情何以堪？

這樣的體悟，對於擁有一位高齡百歲母親的我而言，個中感觸最為深刻了。真的，母親！請您相信我。您的老，我絕對十足的感同身受，也會將心比心，針對您的需要與期待，付出更大的耐心；沒有不耐煩，也沒有抱怨……，請您放心！

我對母親的孺慕之情，讓我在對她付諸孝順的行動中，既自然又和諧。坦白說，我做得非常的心甘情願，也覺得做得很有成效。尤其，令我最感欣慰的是，母親對我的高度肯定，讓我覺得一切的努力與付出都是值得的。

我希望自己能夠秉持這樣的方向繼續努力，確實讓母親有著「雖然老，但，活得很有尊嚴」的溫馨感受；也讓母親感受到，她老人家的生活與生命仍然深具意義。

7 您說話時，我會耐心地聽，不會打斷您

母親的外貌溫柔婉約，性情平易近人，向來是個話不多的人。每次家庭聚會或兄姊們來探望她時，大夥兒你一句我一句地聊天，而母親總是靜靜地在一旁聆聽。雖然未必完全融入話題，但，她喜歡熱鬧，看到兒女們在她的身旁，心裡總是踏實而高興。

好幾次，我看著她靜靜地聽著大家在聊天，也許是話題與她有所相關，或者是她也想聊聊吧！眼看她嘴角抿動著，似乎想說些什麼話，但，卻欲言又止。而在這種情景下，我會趕緊提醒兄姊們停止交談：「大家暫停一會兒，媽好像有話要說。」

母親是個很有禮教的人，向來非常客氣，不善於表現，自然也不會去打斷別人的談話。說實話，要聽到她主動在大家面前講話的機會，是少之又少。而我一向比兄姊

們細心，因此，總會設法製造出讓母親講講話的機會。

一方面，儘量別讓母親感到被冷落了；另方面，則讓母親偶爾說些話，也可幫助她動動腦，多一些刺激及反應。畢竟，百歲高齡的母親，也是需要旁人多對她保持互動的。

記得有一次家庭聚會，餐後，我隨興地向母親說：

「媽，您都沒有說話，可不可以為我們講幾句話？」

她老人家確實話不多，一時間愣在那兒，對著我說：

「阿堯，我沒什麼話要講，也不知道要說什麼？」

「媽，您心裡想到什麼就說什麼，不必太在意講的內容。我們只是想聽聽您說些話而已，不必太正式。」

我在身旁為她打氣，一開始，她老人家有些不自在，但，話匣子打開了，慢慢地也就輕鬆了許多。母親的話一如她的為人，簡樸、正直而不拐彎抹角。我們這些兒女圍在她的身邊，好久沒有這樣靜靜地聽母親說話了，不時地，我會暗示兄姊們儘量不要打斷她的話題，讓母親暢所欲言。

一時間，我們好像回到小時候聆聽母親說話的情景，只不過，那時候的她還很年輕。而今，時光飛逝，眼前的母親卻已是百歲高齡的長者了。坦白說，還能夠聽老母親的一席話，那種感受真是既溫馨又美好。

近些年來，母親的生活非常的單純。她與我同住，雖然我每天仍然上班，但，由於公司是我和學生合資的，他體諒老師家中有老母，讓我的上班時間有較大的彈性。因此，我和母親相處的時間也還算不少。

母親日常起居的照料事務，自然有外傭Leta來打理，而她也做得相當盡職。由於Leta照顧母親前後已將近十年之久，她們倆相處的很好，那種關係就形同祖孫的感情一樣。因此，Leta也成了母親平常講話的最佳對象。此點，倒也幫我解了母親不至於太孤寂的問題。

不過，Leta畢竟不是同文同種的家人，無論是話題或親情方面，不免有些落差。此點，我覺得是個必須正視的問題。因為，像母親這麼高齡的長者，如果旁人愈是沒有話題，她就愈不想講；而愈少人和她聊天互動的話，她就會愈來愈沉默寡言。

我認為，如果長期任其發展下去，母親必然會愈來愈感孤寂，而且，她的語言及互動能力，也一定會愈來愈弱化。這樣的情勢，我當然必須儘量的避免讓它發生。為此，我不僅隨時留意觀察，而且也用心的及早做了不少事。

例如，偶爾我會請母親談談她年輕時的往事。其實，我是有目的性的。一來，怕她太無聊，幫她排解一些時間；二來，讓她動動腦也動動嘴。無論如何，這麼做，對她的身體反應及心情抒發，絕對都是有益處的。

不過，每回她都不經意地抱怨著說：

「阿堯，我的記性好像差了好多，很多以前的事情都給忘了。真的是歲月不饒人，我不得不服老了。」

其實，我對母親真的是佩服萬分。雖然，近期她的記性確實差了一些，但，至少在兩年以前，她對所生的這麼多子女的歲數及農曆生日，都還能很快地而且非常精確地脫口而出。光是這點，我就自覺慚愧，因為，我對自己三個內外孫的歲數及生日，都要想一下才能回答出來，而且，還不見得正確呢。

「媽，快別這麼說，您的記性還是挺好的，我想多知道些您年輕時的往事，讓我們聊聊吧！」我在一旁慫漗著她。

母親大我整整三十五歲，我是她的么兒，因此，對她較年輕時的事蹟，我所知並不多，但，很感興趣。在我的央求之下，她若有所思地，娓娓道出一些陳年憶往。事實上，在我前兩本為母親而寫的書中，有關她四十歲之前的事蹟，有些是得自兄姊們的描述；但，多半還是得自於和母親的閒聊之中。

尤其是近年，母親已是百歲高齡，生活中更需要親人的主動關懷，如此，她的心靈才不會覺得孤寂，生命也才能感受到存在的意義。由於我早已深深體悟到此事的重要性，因此，經常找話題與她閒話家常。

所幸，母親雖然如此高齡，但，感謝佛菩薩保佑，她的腦筋還是很清楚，記性也還相當不錯。我非常珍惜這樣的時光，希望從這些寶貴的互動中，留下更多美好的回憶。

還記得以前，她不像今天這麼老的時候，我常會在與她對話中，不自覺地打斷了她的言談，總是急著想要表達我自己的想法與意見。現在回想起來，覺得這種舉止真是太不應該了。

因為，如今的我也已是六旬老者了，那一天，很想聽聽老母親講的話，而再也聽不到時，那會是件多麼難過的事啊！為此，我常提醒自己，不僅要珍惜，而且要及時把握住這些還能和母親對話互動的美好時光。

因此，每當我和母親同處時，我會不時地提醒自己下面的話：

「您說話時，我會耐心地聽，不會打斷您。」

尤其是，每當她述說著昔日的陳年憶往時，她好像進入時光的隧道，回到了過去的情境。我相信，母親那時的感受是輕鬆的，是溫馨而美好的。那時，如果我驟然打斷了她的言談時，會中止她好不容易湧現而出的回憶及思路，那豈不是太可惜了？

因此，即使我想參與她的談話，我也只會順著她的話題，隨著她的思路，問一些相關性質的問題，讓她有更多揮灑的空間，以及回想更多的往事，說出更多她內心想表達，及抒發的心情與話語。

甚至，我曾經特地把一些母親的舊照片灌入iPod中，讓她自己翻動往日的照片，或以自動放映的方式，方便於她回味及欣賞以前的事蹟。往往在看了這些舊相片之後，她就喃喃自語地談起了一些與照片相關的往事。

這時，我會很耐心地聽她娓娓述說，而僅量不打斷她的的興致。偶爾，也會與她呼應或討論；必要時，更會提出一些問題與話題，讓母親維持較高昂的談話興致與情緒。我總是為她設身處地的想，如果我是她的話，一定也是希望生活中不會感到太孤寂，而且，生命中仍然饒富著相當的意義。

因此，為高齡長者付出如上貼心的雙向關懷，絕對是必要之舉。這樣的做法，當然比單向的只給予金錢的、物質的、或義務性的片面付出，會來得更實質、有效、及正確。

我會這麼說，當然是有感而發的。不容否認的，在現實社會中，對於自己尊長在孝養及照護上的不當事例，真是不勝枚舉。我並非說自己做得有多好，但，至少我的母親及兄姊們，對於我在這方面的作法是肯定的。

且不說別的，至少，除了「有心」之外，我還非常的「用心」。而一個能夠用心的人，絕對不會只是虛應的，不會只是打馬虎的；也就是說，不會只停留在表相的工作。表相的工作要做給誰看？重要的其實是當事人——你的父母。你有沒有用心，說實話，你的父母怎麼會不知道？

此處，我把自己的心得與經驗寫出來，提供給天下所有為人子女者參考。希望大家懂得孝順自己的父母。我們的父母老了，難免會有孤寂感，這時，千萬要體貼他們，多站在他們的立場感受。

記住，要常常陪他們聊天，耐心地聽，不要輕易地打斷他們的思緒。試著做一個很好的聽眾，多留一些時間讓他們暢所欲言。尤其，如果你的父母已經很老的話，那更該如此。而能夠這麼想、這麼做的話，慢慢地，你將領悟到，他們至今還能清晰順暢地表達的話，那真是一件美好的事。

8 您的任何動作都慢慢來，我會等您

母親或許真的是老了，最近她的行動，不再像從前的她那麼地靈敏。就拿每天的三餐為例，在胸前幫她繫上圍兜兒已經是必備的，為的是避免菜餚或湯汁弄髒她的衣服。母親是個極愛乾淨的人，但，高齡如此的她，真的是免不了在用完餐後，有些菜渣或飯粒殘留在外。

「阿堯，我怎麼變得這麼沒用？連吃個飯都無法靠自己做好。」

我知道她內心的難過，因為，向來精明能幹的她，凡事全靠自己一路走來，她把褚家振興到今天的家運。而如今，連用個餐都無法讓她隨心所欲，又怎不令她感到洩氣而難過呢？

或許對我們一般人來說，認為這只是一件小事。但，我們的小事，卻是她的大事。因此，我以慎重之心來看待此事，必須將心比心，站在她的立場來思考及體諒她的心情。

其實，百歲高齡的母親，在體能上及自主能力上，已經像嬰幼兒般地脆弱，因此，事事都需要旁人的協助與代勞。尤其在心理上，由於許多看似簡易的事，對她老人家而言，往往心有餘而力不足，這時，更需要旁人的關懷與鼓舞。

不是說「老小老小，老亦是小」嗎？母親目前的情境，正是如此。

有一次，我在母親身旁陪她用晚餐，眼看著她正準備喝一口湯。她戰戰兢兢地以湯匙就口，動作極為緩慢及小心，不希望湯汁滲漏出來。可是，不論她多麼小心，湯汁還是至少有三分之一掉了出來。看得出來，她心中充滿著挫折感。

我在一旁注意到了，內心一陣不捨。索性，直接拿起湯匙，親手幫她送到嘴裡喝，並安慰她：

「媽，沒有關係，熱湯本來就比較不方便。慢慢來，我來幫您，免得湯冷了不好喝。」

當我餵著她的時候，我的腦海裡突然閃出一個鮮明的影像。那好像是我孩提時，母親一面忙著家務，一面餵我吃飯的情景。影像中的母親，年輕、漂亮、又溫柔，只是，神情裡帶著幾許惆悵，想必是龐大家計的生活負擔，壓得她幾乎透不過氣來吧？

如今的場景，卻換成這個已過花甲之年的我，為百歲高齡的老母親餵食。那種時空的轉換，似乎就是昨夜與今晨的事，它歷歷如昨卻又遙不可追。啊！歲月催人老之速如此，怎不令人為之嘆惋呢？

我一口一口耐心地餵著母親喝湯，一方面，我擔心湯冷了不好喝，趕緊讓母親喝得順暢，可以暖胃；另方面，如果完全由她自己喝的話，正如前所述，對她其實已經有些不方便的了。

坦白說，讓我這麼服侍她，母親一開始是不太能接受的。或許是自尊心使然吧？但，幾次下來，一方面，可能是我的孝心與誠意感動了她吧？另方面，在我的協助之下，湯汁再也不會一半滲漏在外了。因此，母親漸漸地能夠接受我的善意。

不過，只有在喝湯方面我會幫忙她，其他部分，我則儘量讓她自己來。因為，在日常生活起居的事務上，我想儘可能地讓她能夠保持自理的能力，而這需要仰賴平時的練習與實作。否則，時間久了，她這方面的能力會逐漸地退化。易言之，我之所以這麼做，其實也是為她好。

我很高興自己能夠洞察到這些細節，坦白說，照護一位年屆百歲高齡的長者，真的不是一件容易的事。除了生理上的照料之外，尤其，心理上及精神上的同時關懷與體貼，那才是真正不可或缺的，甚至，更是關鍵之舉。

很多為人子女者，沒有近距離照顧高齡長者的機會，因此，可能缺乏經驗或者用心不夠，為此，錯失了能夠回報父母養育之恩的時機。往往，等到有一天忽然醒悟時，卻已為時太晚，或根本毫無機會了。這樣的處境，那才真叫人痛心呢！

我不想成為後悔的那一群，因此，對照護母親的付出，算是很用心的了。從母親的眼神中，我可以感受到她對我這方面的肯定與喜悅。甚至，她經常會對我說：

「阿堯，你對我這麼盡孝，付出了這麼多的心力，以後我要怎麼還你呢？」

「媽，孝順您是天經地義的事，是我對您這一生母愛的感恩與回報。全部是您應得的，也是我所該做的。因此，根本不用還，請您寬心及歡喜地接受吧！」

好幾次，我都這麼地對她說，總算，她也漸漸地習慣了。

其實，對母親的盡孝，一開始我是以一種責任與義務的心態為出發點。我認為，就拿母親為我們懷胎十月，以及辛苦拉拔長大成人的養育之恩來說，當母親年華老去時，為人子女者，若還不懂得反哺盡孝的話，那真是連畜生都不如。換句話說，孝順母親至少是一種責任與義務。

後來，我漸漸地將這種責任與義務，昇華為一種修身與養性。因為，如果觀念上只是一種責任與義務的話，那就會流於被動的心態。而被動的心態，會囿限我們在孝行上的付出，如此，對被我們孝順的母親來說，在親情感受上自然也會打了很大的折扣。

反之，如果把孝順母親的行為，以修身與養性的觀念去面對的話，那麼，原本只是責任與義務的被動心態，便轉成為主動的心態。試想，化被動為主動之後，那種孝順的力道與成效，自然是難以估計的。

就拿我百歲高齡的老母為例，她在日常生活起居的任何作息，行動上的遲緩以及反應上的力不從心，我早已視之習以為常了。但，此情卻絕非一般外人所能了解。每每想起從前，我在看別人家的長者時，也是如此的心態，總是只看到片面表相，而未必契入情境。

而今，當別人家的長者換成是我的母親，尤其是已百歲高齡的老母親時，那種心情與感受，可就迥然不同了。從一開始的錯愕與驚覺——曾幾何時，母親已經變成如此的孱弱？這位曾經拉拔我們十個子女長大成人的偉大母親，如今，猶似返老還童，成為也需要別人照顧的老小孩了。

這就是人生，一個所有人都必須經歷的生命歷程。

我看在眼裡，心中有著萬般的不捨。多少次，我在母親的背後，望著她一日不如一日的龍鍾老態。我當然知道，我無法代替她的老，但，我希望，能夠盡我的能力幫助她，讓她的老年，生活得更有品質，以及更有尊嚴。

為此，我積極主動的要求自己對母親的盡孝，不能只流於責任與義務的被動層次，而是設身處地站在此時此刻母親的立場，時時提醒自己，如果我換成是她的話，我會希望如何？

試問，一位年屆百歲高齡長者的身心會是如何呢？動作已不再敏捷了，反應也已經遲緩了；所有想做的事，都心有餘而力不足了。換句話說，幾乎是，諸事皆想做，諸事卻皆已力不從心了。

因此，首要之務，便是為母親心理建設，我常告訴母親說：

「人老力衰是大自然的法則，每個人都會如此，更何況高齡百歲的您。坦白說，感謝佛菩薩的的保佑，您的身心狀況都保持的不錯呢！」

「媽，請您不用擔心，您的任何動作都慢慢來，我會等您。」

這些話，我必須經常不斷的提醒她老人家，而且，我也確實很有耐性地伴隨著她、等候著她。此外，我也花了很長的一段時間協助她，讓她能夠很放心地，把所有的動作都慢下來，而逐漸地成為一種習慣。

就如同我在為她寫的第二本書《母親，慢慢來，我會等您》中第一章所述：

「母親！當您年紀已經老的時候，我願意花更多的時間，協助您慢慢的用湯匙、用筷子吃東西；幫您穿鞋子、扣鈕子、推輪椅；幫您穿衣服、梳頭髮、剪指甲。……請您放心！……我不會催促您，我會對您多一些溫柔與耐心。……」

或許，你的母親目前還不是很老，但，有一天，她終究也會老。此刻，我把我的經驗與大家分享，希望在那樣的時刻，請記得展現你內心深處的誠意，耐性地對你的母親說：

「媽，您的任何動作都慢慢來，我會等您。」

當然，這句話絕對不能只流於片面之辭，更重要的是，要真正付諸於實際的行動。請別忘了，當你還在孩提時，你的母親也正是如此地對待你。

於此，再次與天下所有為人子女者，共勉之！

9 您的任何麻煩，我都不會厭煩

「人生七十古來稀」，此文出自杜甫《曲水二首》的詩，意指：「七十歲高齡的人，自古以來就不多見。」然而，二十一世紀的今天，由於醫療科技的發達以及營養質量的提昇，很多人的壽命都活到七、八十歲以上，因此，都不能算是「稀」了。

壽命活得更為長久，當然是一件好事。不過，老年人確實也有老年生活麻煩的地方。最明顯的現象是，過去，一向身體強健以及行動自如，今天，卻是生活無法完全自理，而許多事必需要仰賴他人的協助。凡此，幾乎是多數年長者難以避免的歷程。

通常，八十歲以上的長者，都難免漸漸地會有這方面的問題，更何況我這已高齡百歲的老母親，她需要旁人協助及照顧的地方，當然會是更多。坦白說，一般為人子女者，不見得都會有這樣的經驗，就甭談該如何因應了。

平心而論，除非你有過實際照顧高齡長者的經驗，或是你有近距離間接互動的經驗，否則，你真的很難了解或體悟到，要妥善照顧好你的高齡雙親，那確實不是一件容易的事。而這個不容易，不僅只是實務操作上的問題而已，它更包含了心理層面上的諸多問題。

話雖說是不容易，但，並不表示就無法做得好。坦白說，關鍵只在於你是否「有心」？因為，如果你真的有心的話，你自然就會「用心」。而如果你真的用心的話，其實，再不容易的事，多半也都能夠適度迎刃而解。

我會這麼說，也絕非毫無依據。因為，我就是這麼走過來的。我不僅很「有心」，也很「用心」。因此，在有心及用心的持續付出之下，照顧母親的許多細瑣繁雜之事，也都一一順利的解決及完成。而令我最感欣慰的是，照顧母親的事，我做得既心甘又情願。

千萬別認為這有什麼困難？有什麼不能夠心甘情願的？為人子女的，不是就該這麼孝順父母嗎？如果你會輕易的這麼想，這麼說的話，表示你並沒有這方面的實際經歷。再說，如果真是那麼容易的話，這世上，又為何會有那麼多不孝順的子女呢？

有感於此，這兒，我想和讀者們分享一些我的心得。

說實話，這些日復一日重複發生的生活瑣事，任誰做久了不免也會感到有些單調及倦怠。此外，高齡已屆百歲的老母親，無論在身體上或精神上，難免也會有突如其來的非預期變化。而要面對及處理這些突發狀況，除了付出愛心之外，的確也需要有相當的耐性。

尤其，我排行老么，上面還有三對兄嫂。按理來說，照顧老母親的義務與責任，是可以由兄弟四人來均攤的。坦白說，三對兄嫂們對老母親也都很孝順，而且，他們也都很願意輪流來照顧老母親。

然而，我考慮到近幾年來，母親的體能狀態已不若九十歲之前那麼的硬朗、靈敏了。事實上，她老人家已經不宜在兄弟之間輪流照顧了。因此，感謝妻的認同與支持，我毅然決然地請母親就此定居在我家，而毋需不定期的再遷徙了。

這麼做，對老母親當然是方便了許多，尤其，她在心情上也更為安穩及踏實。兄嫂們以及知情的親朋好友們，對於妻和我如此的作為，自然也是高度肯定和嘉許。

母親當年，就曾經既感動又感謝地對妻和我說：

「阿瑩、阿堯，真感謝你們夫妻倆，能夠讓我長住在你們家，往後一定會有不少事情要麻煩你們，請你們能夠多多包含，也多謝你們了！」

你瞧！向來既善良又善解人意的母親，居然連住在自己兒子的家，她還要如此的客氣與尊重。我聽了之後，不禁感到愧疚，內心裡也更加警惕自己並告訴自己，今後對母親的孝行，一定要特別留意耐性與謙和，讓母親在我這兒，能夠住得不僅愉快，而且很有尊嚴。

我常常這樣告訴自己：

「既然如此誠心誠意地把母親留在身邊照顧，我就要展現出無怨無悔的決心，那才是真的心甘情願」。

「因此，絕不能夠拿我上面還有三對兄嫂做為託詞，而要假設自己若是獨子的話，那麼，照顧母親的責任，本來也就是應該由我自己來承擔的。」

經過這麼想之後，內心整個豁然開朗起來，做得也就更為自在。坦白說，這事聽起來好像不是很困難似的，其實，做起來絕對沒有想像中的容易。因為，照顧如此高齡的母親，是我生命中的第一次經歷，可說是毫無經驗可循。

然而，我真的要感謝佛菩薩的保佑與加持，在我有心及用心的盡力付出之下，我對母親的照護做得大致還算不錯。雖然，難免也會有些不順暢或突發的難處，但，在佛菩薩的引導下，也多半迎刃化解。我常這麼想，佛菩薩是會疼惜孝子的。

尤其，我更要感謝佛菩薩賜予這個恩典，讓我能夠比我的兄長有更多的機會孝順我的母親，回報她老人家對我一輩子無始邊以及無怨無悔的生我、鞠我、長我、育我、度我……的浩瀚恩情。

這樣難得的機緣，我想，並不是每一個人想要就有的。因此，我特別的珍惜與把握。

值得一提的是，往往在盡孝的過程中，不見得每件事情都能做得很好。所幸，我的自省能力不差，在多次的反省及調整之下，許多不恰當的態度或言詞也都能夠一一改善。我發現，自己的涵養也比以前精進了不少。

說實話，我這一生中許多修養的提昇，竟是在陸陸續續從對母親的盡孝中學習而來的。那真是一項非常好的修鍊，更是此生我靈性成長最寶貴的收穫之一。

就以本章的主題「您的任何麻煩，我都不會厭煩」為例。雖然它只是一句簡單的話，但，絕對是知易行難的不容易之事。或許，一件兩件事，你可以做得很好；或許，一天兩天的時間，你也可以承受得起。

但是，如果是日復一日，如果是諸多瑣事的話，那麼，你又會是如何去面對它呢？真的，它絕對不如你想像中的那麼容易。

因此，我總是在內心裡隨時隨地觀想這一句話來提醒自己；此外，也會經常向母親主動表示，請她老人家不必擔心她會帶給我麻煩。因為，我不認為那些是麻煩的事。相反的，所有對她的任何服侍，我反而認為是我的榮幸。

當然，最重要的是，我必須付諸實際行動，才能真正撫慰母親的擔心。

寫到此，我突然想起了光敷二姊夫，他在我為母親寫的第二本書《母親，慢慢來，我會等您》中的推薦序，曾提及《論語》中孔子對其學生有關孝道的以下言論：「孟武伯問『孝』，子曰：『父母唯其疾之憂』。孟懿子問『孝』，子曰：『無違』。子游問『孝』，子曰：『今之孝者，是謂能養，至於犬馬，皆能有養，不敬，何以別乎？』。子夏問『孝』，子曰：『色難，有事弟子服其勞，有酒食先生饌，曾是以為孝乎？』」。

以上孔子對不同學生個別談論孝道的真諦中，以我的實際經驗來說，難度最高的，應該就是「色難」這方面了。

什麼意思呢？「色」是指臉色，而「色難」即意指：為人子女者能夠在父母面前，經常保持著和顏悅色，那是一件難事。在二千五百年以前的孔子，就已經這麼說了。可見，對父母盡孝的同時，又能兼具耐心與誠敬之心，那確實是件不容易的事。更何況今日社會，「世風日下，人心不古」呢？

而這也是為何，我要把「您的任何麻煩，我都不會厭煩」這句話，經常掛在嘴邊提醒自己，並讓母親真正感到安心的主要原因。因為，我實在不希望自己，既然這麼有心又用心地照護母親，卻又敗壞在「色難」這個節骨眼上。

如果是這種結局，那所有的付出與努力豈不是都前功盡棄？那麼，又如何能稱之為孝順呢？每想到此，我就愈發的警惕自己，要切記、要隨時自省，千萬不能鑄成大錯。

長期以來，許多古聖先賢都認為，在人的各種德行中，「孝道」應該被排行在首位。因此，就有了這麼一句「百善孝為先」的至理名言。我們確實應正視它，也該奉行它！

何妨今天就讓我們從突破「色難」這一關做起吧！首先，請嘗試著對父母親大聲說出：「您的任何麻煩，我都不會厭煩」。

且讓我們彼此共勉之！

10 您的日漸遲鈍，我也不會不耐

母親確實是老了，她的現況若要和她九十歲時，我帶著她登上日本神山「立山」時的情景來比，真是有天壤之別。那年，母親以九十歲高齡，歷經六種交通工具的乘換，完成了有「日本阿爾卑斯山」之稱的「立山」之旅。

這項壯舉，不僅讓領隊及同遊的團伴們敬佩不已，更令我這做兒子的，深感與有榮焉。真的，直到今天想起來，我還是認為那真的不是一件容易的事。

雖然，在那次「立山黑部之旅」之後，我無時不在渴望著，上天能夠再次恩賜我那樣的機緣與福份。然而，至今我都尚未能有此機會，再次帶著她老人家出國走走。

尤其是，母親已百歲高齡，這種歲數的長者，姑且不談國外的旅行，那肯定是個難度頗高的挑戰；就算是國內坐車時間較久的旅程，也已經是件不太容易的事了。

真的，百歲高齡長者的身心狀態，不是每個為人子女者有機會伴隨及照護的。而我和母親的緣份很深，讓我有比一般人更多的時間，陪伴她老人家渡過晚年階段，甚至邁入百歲的高齡。我深深的感受到，那真是我無上的榮幸。

也因為如此，在朝夕相處及照護的過程中，我目睹了母親的體能由昔日的體健煥發，而漸次的衰微。慶幸的是，若以高齡長者來說，她的精神算是挺不錯的了；而且，腦筋也很清楚，這真的要感謝佛菩薩的保佑及加持。

雖然，明知道歲月催人老，本來就是大自然的天經地義。可是，日復一日地看在我的眼裡，於心總是難免不忍。尤其，時常也會聽到母親她老人家的小小怨言：

「人老了真是不中用，居然連一些簡單的芝麻小事，自己也做不來。」

「凡事都得依賴別人、麻煩人家，真是過意不去。」

若以母親目前的狀況來說，日常起居的生活小節，確實都需要旁人的協助才行。最主要的原因是，在九十歲之後，她的腰椎曾經受到較嚴重的挫傷，影響了她的活動力。因而，在各項行動上，我們都採取比較保守的方式因應，以免造成二度的傷害。畢竟，母親的年歲愈來愈大了，我們必須格外小心。

就以每天的運動量來說，她自己還能以四支腳的助行器走路。但，充其量也只敢讓她三餐飯後，在屋內的空間前後來回走兩趟。我們在一旁注意著她，僅量讓她自己獨力走完。雖然走得不多，但是，至少讓她能夠活動筋骨，並維持一定的自主能力。

母親體能的日漸衰微，已是我們不得不接受的自然現象，而這個事實也造成了她在許多自主能力上的退化。上述走路運動量的減少只是一例，事實上，在生活起居的許多細節上，都可以覺察到她在靈敏力方面的日漸弱化。

另舉盥洗為例，母親每天的洗澡或清潔事務，以往她是絕對不會假手他人的，但，現在都是讓外傭Leta來幫她打理。即便是睡前假牙的卸除、清洗，以及醒後的戴上假牙，也都是經由Leta來從旁協助的。

此外，上下床時，Leta必須很小心地幫忙她，讓她慢慢地躺下或坐起。晚上睡前的一些動作，看起來似乎都是很小的事，但，對高齡百歲的母親來說，卻已是她老人家力不從心的事了。

無怪乎她偶爾也會自怨：

「能活得這麼久，當然要感謝佛菩薩的恩典，但，大小事情都得依賴別人的幫忙才行，真是很不習慣，心裡也非常地過意不去！」

「媽，快別這麼想。就算是一部配備非常好的汽車，開久了，性能也會隨著使用期限而退化呢！連機器設備都尚且如此，更何況是人呢！」

「坦白說，您除了體能及元氣較不如以往之外，您的精神狀況與腦筋清晰程度，都算是很不錯的了，這也是您跟我們的福氣。此點，我們真的是要很感恩佛菩薩的保佑及加持呢！」

我總是設法勸慰她，希望她老人家能夠放寬心地去接納未來的生活方式。還好，母親是一個很識大體以及非常樂觀的人。她調適得很快，這點，也令我非常地佩服。

不過，要照護一位百歲高齡的長者，我們真的一定要充份認知，無論是在體能或在反應方面，老人家的逐日衰弱與鈍化，已經是必然發生的常態。

然而，看到自己敬愛的母親如此情景，總是於心不忍，但，也只能接受大自然的安排。只是，接受之餘，必須更積極地去思考，如何盡力設法提供她老人家最需要的協助與服務。

我想，最最重要的，應該還是心理建設吧！

由於心境會影響一個人的生命動力，以及生活中的情緒。因此，我經常會問自己這樣的問題：「高齡百歲的母親，此刻內心裡最在意的，會是什麼？」將心比心，我嘗試著站在她的立場去想，我認為，「安全感」應該是此刻她最需要的吧！

試想，一個無論是體能或反應都在逐日退化的長者，雖然，平日生活起居方面的事務有著外傭的照料，但，在心靈與精神上，若缺乏親人的主動關懷，與積極付出愛心的話，那麼，對於未來生命的憧憬必然漸感黯然失色。

我深知如此，對於我敬愛的母親，除了經常付出實際的照護行動之外，並時而用下列的話語來慰藉她：

「媽，雖然您的體能愈來愈衰弱，反應力也逐日地在遲緩，但是，我會好好照顧您，也請您放心，我絕對不會感到不耐的。」

「唉！我拖累了你和阿瑩夫妻兩人，真是過意不去。」

她每每用很歉疚的語調向我表達，我當然知道她是真心的，她是一個既善良又處處為人著想的傳統女性。然而，她愈是這麼說，我愈是難過。因為，我很清楚我深愛的母親她老人家內心中的矛盾，更不希望她為此而煩惱。

「媽，請您不要這麼想，能夠與您有這麼深厚的母子緣，讓我比幾位兄嫂有更多的機會來孝順您，這是佛菩薩恩賜給我的福氣，也是佛菩薩特地派我來服侍您的，就請您放寬心地接受佛菩薩的美意吧！」

「媽，我為您所做的一切，都是既心甘又情願，也是為人子女對母親天經地義的事。因此，請別擔心，替您做再多的事我都不會嫌麻煩的，只希望您能用快樂的心情渡過每一天。」

我總是以這些類似的話對她說，儘量地站在她老人家的立場，同理她的心境，並安撫她矛盾的心慮，讓她儘量少些牽掛，建立起自己的信心，而得到真正的放心。

尤其重要的是，我一定得做到「言行一致」。因為，如果我說的是一回事，而做得卻不是那回事，那麼，我是無法得到母親信任的，豈不是淪為「口惠而實不至」的地步？而一個懂得孝順的人，當然是不該犯如此錯誤的。

雖然談得這麼多，其實，孝順是不需要太多學問的。關鍵只在於「做」，也就是真正的「付諸行動」。而是否能夠確實付諸行動的去做，重點就在於自己是否「有心」？以及真正「用心」了沒有？

為人子女者，若能夠既有心又用心的話，那麼，他的父母親必然是享受莫大福報的。坦白說，這是他們應得的回報，也是子女們本來就該做的。只要想一想，自己小時候，父母親是如何拉拔我們長大的，你就會欣然認同，孝順父母本就是天經地義的事。

我總是這麼想，也寫在這兒與讀者們分享我的一些經驗。有一天，我們都會逐漸地老，甚至，比你想像中活得還要老，就像我高齡百歲的老母親一樣。也許，我們無法想像子女們將來會如何地對待我們，因為，這事確實是很難期待的。

然而，我們倒是可以避免將來發生後悔的事，便是現在及時孝順我們自己的父母。韶光易逝，歲月總是催人老，父母親的老是一眨眼的功夫。因此，唯有現在趕緊做，日後才不會懊悔。

這件事，我很早就覺醒，也很積極地去付諸行動。尤其，母親已經高齡百歲，我更需及時把握住能夠與她相處的時光。我很高興她老人家對我十足的信任，因為，雖然她的體能及反應都在日漸遲鈍，但，她知道，我一點也不會感到不耐煩，而且，會永遠地孝順她。

11 您的體能再弱，我也會全力攙扶您

前些日子，收到了友人傳來的網路文章《當我老了》。其實，這篇文章在幾年前，我也曾經在網路上瀏覽過，當時就頗受感動的。如今再次閱讀，沒想到，感觸比以前更深。

文章的主旨是以年華老去的父母為第一人稱，向自己的兒女們訴說，當父母親年輕時，是如何付出他們的摯愛和心力，與如何辛苦地把孩子們拉拔長大。如今，當父母年歲已老，體能與精神逐年在走下坡時，內心裡對子女們的一些小小期許。

雖然只是一些簡單的小小期許，然而，有太多太多為人子女者，卻都未能做到。是世風日下？是人心不古？說實話，活在二十一世紀的我們，每一個人都該好好地反省一番。

就拿文中的一小段為例——「……當我由於雙腿疲勞而無法行走時，請伸出你年輕有力的手攙扶我；就像你小時候學習走路時，我扶你那樣。……」

為何當我再次閱讀本文之後，內心的感動更甚？感觸也更深？其實，不是沒有原因的。主要是，目前我正與我百歲高齡的老母親朝夕相處，而文中的描述正好是我和母親她老人家的寫照。

近日來，我百歲高齡的老母親，她的體能與反應都在逐漸弱化中，我當然明白，這是無法避免的自然現象。尤其，她每日的運動量很少，因此，長期下來，她老人家的雙腿也就顯得較為無力，而且容易疲勞。雖然不致於無法行走，但，想要徒手單獨走路，幾乎已經是不可能的事了。

目前，母親只要離開床舖之後，多半是坐在輪椅上，因為輪椅可以讓她行動較為自如。而為了讓她仍然維持一定的活動量，我特別為她準備了一具四支腳的助行器，以方便她若想要起來活動時，可以自行在家中來回走兩趟。

雖然如此，但，每當我從背後望著她蹣跚的步履，以及微駝的身軀拄著助行器在屋子裡緩步行走時，內心裡百般的不捨之情就又油然而生。母親真的是老了，她戴著老花眼鏡低著頭，很用心地走著，步伐的律動顯示出她真的是很吃力，而龍鍾的背影也看出了她十足的老態。

啊！歲月催人老啊！畢竟，都已是百歲的高齡了啊！

母親體能的弱化，這兩年來特別明顯。就以她從椅子上起身為例。之前的一兩年，她的身手還算行動自如，但，如今要她自行從椅子站起來，都已經有些吃力了。而這時，我總會以手護著她的尾椎，從旁攙扶著她起身而立。

「媽，起身之後，要先站立一會兒，不要急著馬上走動，否則，頭會暈眩，也容易跌倒。真的，要小心啊！」

我總是不厭其煩的提醒她，同時，叮嚀外傭Leta，也要隨時提醒母親這方面的注意事項。因為，高齡長者是摔不得的。實在是聽過太多這方面的事例，而讓我著實擔心。因此，我寧可做好事先的防範措施，也絕對不可輕忽大意。

我對於這事如此地審慎，是局外人所難以體會及瞭解的。因為，一般人只能體會到，年紀大的長者體力不振的表相，然而，幾乎很少人有機會接觸到百歲高齡長者，或即使有機會接觸到，但，也未必見得有近距離照護的經驗。

因此，那種感受與認知是有相當程度差距的。

而我和母親的母子情緣特別深厚，這些年來，我和她老人家朝夕相處，不僅陪伴她也親自照護她。因此，對於百歲高齡老母親的身心狀態，可說是瞭解得相當深入，也懂得應該如何去照顧她。可惜的是，我不是個醫生，否則我會懂得更多，也會做得更好。

坦白說，從這些年來親身參與照顧她的經驗中（當然，日常生活的一般事務，大多數是由Leta來打理），無論是在簡單的醫療護理知識或保健、養生常識方面，我都很認真地學習，並累積了不少心得。

這些由於我多來年照護母親的有心與用心，原本是無心插柳卻獲得的知識與常識，真的是既珍貴又難得。因為，它們不僅可做為我年老時自我照顧的借鏡，同時，也可將它們與我的兄姊及親友們一齊分享。

這麼一想，更覺得自己付出的心血，真是頗具價值。它不僅利人又利己，同時，也印證了孝順的人是會有福報的。

值得在此一提的是，多年來我照顧老母親的重要心得之一：「對於高齡長者必須抱持著同理心，凡事切忌從自己的主觀意識出發。」

一般人往往不經意地犯了這樣的錯誤：無視年長父母的體能早已弱化，而且，未能認真看待此項轉變；尤其，年長父母的心態也已逐漸步入「返老還童」的傾向，卻仍然以過去的思維去應對。

我的個性向來較為細心與貼心，因此，很早就發現母親年紀愈大，心裡上就愈顯現出「老小」的現象。也就是，前面所講的「返老還童」的心理現象。對於這樣的轉變，我認為是人性的自然現象發展。不過，我以很慎重的態度去正視它。

我認為這樣的轉變，與母親在體能上的逐漸弱化，以及元氣的遞減有著相當程度的關係。由於這種現象的發生，使得她在日常生活上變得更需要別人的協助，就像嬰兒、幼兒、或孩童需要母親的關懷與照護一樣。不同的只是，母親是一個成熟的個體，不同於身心尚未成熟的孩兒。

因此，另一個重點就更值得注意了。那便是，在照護母親的過程中，我也不敢輕忽於她的「自尊」。雖然，她確實是需要旁人的協助，但，千萬也別忘了，母親並非一個小孩，事實上，她是一個身心都比我還成熟的高齡長者。她雖然需要我的協助，但，她也有她的尊嚴。

千萬別以為她現在需要仰賴你，你就可以不尊重她。多想一想，當你還是襁褓時，她是如何辛苦地將你拉拔長大的？也想一想，當你未成年之前，她是如何盡心盡力地陪伴你學會自立？再想一想，在這些漫長的日子裡，母親的付出又是如何地無怨無悔？

而當我們羽翼已豐，母親卻已邁入孱弱的晚年之時，試想，我們又能夠回報浩瀚母恩的幾分情？慚愧啊！慚愧！太多世人已不重視孝道，也無視於母恩的存在。甚至，對母親不孝的事例，真是時有所聞。

難道真的是「世風日下，人心不古」？

不！人性不該如此。再多想一想，如果沒有母親的十月懷胎，怎會有今日的你？如果沒有她的慈悲，也不會有今日身心健全的你。千萬別小看如此的功德，你做得到嗎？你確定可以做得比母親更好嗎？

如果你能這麼想，你就會認同，其實，每個人的背後都有一個偉大的母親。那麼，在她很需要你的時候，你難道不該多盡些孝道？你難道不該也照顧她的自尊？換句話說，孝順是應該的，而且，孝順是報恩，絕對不是施捨。

「阿堯，你對我這麼盡孝，下輩子我要怎麼還你呢？」

「媽，請您別這麼說。我為您所做的一切，絕對都是心甘情願的，我是來向您報恩的。因此，請您放寬心地接受，而不要有任何壓力。」

事實上，我真的就是以報恩的心態來孝順母親的。而在這樣的心態下，我自然也會關照到母親的自尊。因此，母親需要協助的許多事情，我不會等她開口才做（通常她不見得會開口），而是主動地，將心比心地，以她老人家的立場去設想，如果我是她的話，我將會需要什麼協助？

就拿本章前文所言，高齡百歲母親的體能已逐日地弱化，走路的活動量也愈來愈少，而為了避免她不良於行，我儘量地每天都為她做身體各部位的按摩，希望有助於她氣血的循環。

我為她按摩的部位，包括頭部、頸部、肩部、腰部、手掌與手指、腿部、及腳部。雖然，我的按摩技巧不見得很好，但，我盡我的一份心，盡我的一點力。我認為這麼做，對於運動量不足的母親的氣血循環，應該多少有些幫助吧！

尤其，我會特別加強她腳底與腳趾穴道的按摩，希望能夠幫她儘量保持雙腳的行動能力。因為，醫學上常認為「腳是人的第二個心臟」，如果能夠為她把雙腳保養好的話，母親的體能與元氣就有可能更加健康了。

這麼做，我只有一個目的，希望母親能夠感受到我對她老人家的心意：

「您的體能再弱，我也會全力攙扶您」。

12 當您無聊時，我會陪您閒話家常

百歲高齡的母親在日常作息上，已經養成了很規律的習慣。通常，她在晚上十時至十時半左右就寢，而於早上七時前後起床。冬天之外的早晨，在盥洗之後，外傭Leta通常會以輪椅陪她到博愛街交通大學的校園，和比她年輕的幾位朋友們聊聊天、唱歌、曬太陽，並做些簡單的運動。

她會在早上九時半以前趕回到家，為的是要跟著「華藏衛視台」敬頌「阿彌陀佛」聖號。母親非常虔誠，下午三時半的時段盡可能又再跟著敬頌一次，除了週六、日的下午電視台沒有播出之外，她幾乎天天如此地敬頌佛號。

平常的她不太看電視，但，晚上為了排遣些時間，她也會看些連續劇。我並不反對她如此，一方面，我怕她太無聊；另方面，讓她的思維跟著電視劇情走，腦筋也可更活絡些。何況，偶爾也會有些不錯的節目。

像前一陣子就曾經重播日本的連續劇「阿信」，我就滿肯定它的劇情，何況，母親也很欣賞這部片子的劇情。後來，索性我也陪著母親一齊觀賞。我倒是非常崇拜阿信這位堅強無比的女性，甚至，我認為母親的生平及外貌都和她有幾分神似呢！

此外，她也很喜歡觀賞「動物星球頻道」、「國家地理頻道」、以及「Discovery」等知性的節目，這點，也真讓我這做兒子的感到佩服，因為，一般的老人家不見得會對這類節目感到興趣。

母親每天的作息大致就如上所述，年紀這麼大了，她也幾乎很少出遠門。前幾年，她還會到我的兄姐們家坐坐，但，這些年來，為了避免母親過於勞累，多半已改成兄姊們到我家來探望母親了。

通常，每星期二的早晨，大哥會來看母親，並與她老人家閒話家常，大約一個鐘頭左右。而每次來的時候，也會帶些母親比較喜歡的食物，例如：吻仔魚、吳仔魚、紅豆湯、柿子乾、烤地瓜……等。雖然，母親其實對吃的興致已經淡然許多，但，善解人意的她，為了不忍辜負大哥的好意，也就欣然接受了。

每個星期四的早上就比較熱鬧了，其他的兄姊或嫂嫂們，多半會利用這個時段來看母親。同時，也藉機辦一個小型的餐會。怎麼說呢？兄姊們會各自帶些午餐想吃的食物，並彼此交換分享。然後，一邊聊天一邊用早午餐。當然，他們也會為母親準備些適合她吃的東西，例如：沙拉麵包、茶碗蒸、芋頭泥、花壽司……等。

母親是個很喜歡熱鬧的人，她看到兒女們環繞在她的身旁聊天，就是不吃也是挺高興的。雖然，她不見得聽得很清楚別人在談些什麼？但，看得出來，她還是很興奮的。「啊！你們在說些什麼？我都聽不太清楚，最近的聽力差了好多，真的是老了！」偶爾她總會如此的對大家說，抱怨她無法參與大夥兒的聊天。我向來心思較細，會暗示兄姊們，有時候也要拋出一個與母親相關的話題，讓她說些話。大家靜靜聽她講，也好有一個雙向互動的機會。如此，除了不會讓她感到無聊外，同時也可讓母親的腦筋思維活絡些。

此外，住在台中的四哥及四嫂，大約是兩個星期會來探望母親一次。經常，他們在台北上班的女兒，也會藉機從台北下來，同時看看她的父母以及阿嬤，這種安排一舉兩得，也是挺不錯的。

四哥按摩的技巧比我高明許多，因此，每次來探望母親的時候，也會幫她澈底的按摩一番。效果挺好的，母親也很樂於接受。藉此，讓四哥能有機會幫母親服侍一下。我認為這是個很好的機緣，因為，畢竟住在台中的他們，來看母親總是沒有那麼方便。

就如前所述，我的兄姊、姊夫、及嫂嫂們，他們大致以這樣的方式來探望母親。我當然很明瞭，母親非常高興她的兒女們來探望她，但，我也不得不考量母親的體能及精神，是否能夠長時間的因應？

因為，母親已高齡百歲，她的個性又是非常客氣而不善於拒絕別人的人。即使是自己的兒女，雖不是外人，但，好客及喜歡熱鬧的母親，往往她的體力其實已經不堪負荷了，但，卻仍然強忍著疲憊而不願說出，因為，她總是不希望掃別人的興致。

好幾次，在大夥兒各自回家之後，母親就出現了血壓升高、頭暈、或呼吸不暢……等不舒服的現象。這是外人即使親如我的兄姊們，所無法理解及想像的事實。因為，離開之前，母親的精神還是那麼的抖擻。而說實話，這也只有隨時伴隨在母親身旁的我、妻、及Leta才能看得到的現象。

為此，我只好與兄姊們約法三章，來探望母親的時候，一定要遵守母親日常既定的作息時間，也就是，該用餐的時候就用餐，該休息的時候就休息。因為，年紀這麼大的母親，如果作息時間亂了，馬上就會影響到她的體力及精神。而隨之而來的，就是需要好幾天的時間去調養回來。

一開始，兄姊們並未能深切體認到這點，直到有幾次真的發生了問題，他們才確實明白，這個么弟為何要如此的用心良苦，不是沒有原因的。

尤其，近年來，我常會提醒兄姊們，來探望母親時，談話的內容儘量以歡喜、快樂的為主，而少談失意、難過的事。起初，兄姊們認為讓母親知道各方面的事應該無妨。然而，其實是不太恰當的。

因為，母親已是百歲高齡，她的兒女們的年紀也不小了，我年長的姊姊甚至已屆八十歲。換句話說，這些兒女們的健康也是每況愈下，難免有些病況產生。然而，在母親的眼中，這些兒女們無論年紀多大，永遠還是她的心甘寶貝。因此，兄姊們的病痛，只要是她知道了，一定難免會心疼，也想付諸關心。

這當然是出自母愛的天性使然，尤其，母親向來就慈悲心甚重。然而，母親即使再如何擔心與關心，其實是無濟於事的，而只會添加她老人家的憂心。更何況，兒孫本自有兒孫福。

因此，近年來，我和兄姊們之間已養成了一個共識，大家的身體各自好好保重。如果有些什麼問題，能夠不讓老母親知道的話，就儘量避免。而即使必須讓她知道的話，也是輕描淡寫就好，以免讓年紀這麼大的母親，還要為子女的健康而操心。

說實話，母親她老人家會為她的這些子女們關懷，也是有道理的。因為，就如我前文所述，母親的生活作息雖然很有規律，但，相對的，其實也難免單調而顯得有些無聊。因為，近年來，只要超過她體能負荷的活動，我們幾乎儘量不讓她去做（即使她內心其實很想做）。有關此點，不僅我的內心非常矛盾，而且，對她老人家也深感抱歉。

坦白說，這些年來，在母親身旁陪伴時間最久的，就是外傭Leta了。她不僅全天候照顧母親生活的一切作息，包括平日的互動與對話，甚至，她們經常也會討論電視節目中的情節（雖然菲籍Leta的中文表達能力，尚有努力的空間）。

其實，Leta的工作表現很好，我們很感謝她，也把她當作自家人看待。但，母親畢竟已是百歲高齡的長者，需要親人的更加關懷。我既然和母親有著極其深厚的母子情緣，更要及時把握及珍惜，能和母親相處的寶貴時光。

我深知喜歡熱鬧的母親，在這樣的生活方式下，一定難免感到無聊，只是她體諒我，不說出來而已。但，我必須同理她的心境，而且要正視這個問題，採取主動的方式去關心她。

首先，我要讓母親相信我是真心的，只要她老人家感到無聊時，我會很樂意而且也會很有耐性地，陪她天南地北的閒話家常。我和她老人家無所不談，包括她年輕時候以及我小時候的往事。

經常她怕我忙，總是要我別刻意花時間陪伴她。但，我總是對她說：「媽，我現在沒事，想和您聊聊天。」

好幾次，我主動地向她問及當年家境艱困時，她是如何帶著我們渡過的。別看平時溫文雅靜的她，話題一開，也是滔滔不絕，侃侃而談。只是，近日來，說話的音量弱了些，速度也慢了許多。畢竟，母親已經百歲高齡，算是挺好的了。

每當她在說話時，我除了對她作些簡單的必要回應之外，儘量不打斷她的話題。我只是在一旁很有耐心地、靜靜地聽她說話，但，內心裡卻充滿著一股莫名溫馨的感動。啊！此時此刻的我，是何其幸福?!我真的要好好把握與珍惜，能和她老人家相處的每一刻時光。為此，每當我和母親面對時，我總是不忘提醒自己：

「母親，當您無聊時，我會耐心地陪您閒話家常。」

13 當您健忘時，我會給您更多時間回想

「阿堯，最近我的記性差了很多，許多事情都想不太起來，真的是不得不服老了呢！」

母親最近經常向我訴苦，說她的記憶力減退了很多。說歸說，但，坦白講，以高齡百歲的老母親來說，她的記性，算是相當難能可貴的了。

信不信？至少在兩年以前，她對於她所生養的十個子女，每一個人的農曆生日，都能夠如數家珍地脫口而出。如果就這個能耐來說，我真的也是自嘆弗如、甘拜下風了。

因為，我對我的兒子、女兒、以及三個內外孫，總共加起來也不過五個人而已，但，未必能夠很輕易地講出他們的生日，甚至，也未必能說得正確呢！而我的年紀，還比母親年輕了三十五歲呢！

「媽，坦白說，這樣的記性已經很難得了。別忘了，您已是百歲高齡的長者，腦筋仍然如此清楚，能有這樣的記性，太令人羨慕了。要知足了，也要感謝佛菩薩的恩賜。」

我經常拿這些話來勸她，並告訴她，我將來如果也能夠像她老人家一樣高壽的話，也真希望能夠像她一樣健康、腦筋清楚、記性絕佳。但，我真的不敢侈望，因為，我知道，那需要有多大的恩典，才能享有如此的福報。

我當然也很清楚，母親是一個很懂得知足與惜福的人，她雖說那樣的話，但，並非是在抱怨。相反地，那只是她自我調侃的一種方式。事實上，她每天在禮佛時，都會感謝佛菩薩，能夠賜予她如此偌大的恩典與福報。

不過，歲月總是不饒人，它一年、一季、一月、一日……地催人老。無論你怎麼長壽，你如何健康，只要是人，都無法抗拒大自然的運行法則。就像一年的四季一樣，春、夏、秋、冬是季節必然的時序。

因此，我也深知，母親即使比一般常人來得健康、長壽、耳聰、與目明。但，我也不得不接受，這些難得的好景，也會隨著時光的飛逝而逐日衰退。能夠期待的只是，希望變化不要那麼大，速度也能夠緩慢些。

而我所能做的，也只是盡我最大的能力，從心理上及生理上，協助母親爭取更多的時間，延緩生命機體的老化。其餘的，也只能仰賴佛菩薩的恩典了。此外，尤其不可忽略的是，要好好珍惜及把握住能夠與母親共處的寶貴時光。

當然，不可避免的是，當母親更老時，她的記憶力定然會更加退化。但，我很早就幫母親心理建設，讓她認知這是生命發展的自然現象，請她不用擔心，也請她放心。為此，我經常對她老人家以類似的話安慰她：

「當您健忘時，慢慢來，我會給您更多的時間回想。」

我知道，當我以更大的耐性在她身旁傾聽時，她就不會心慌；當我以若無其事的方式和她閒話家常時，她反而沒有覺察到她的偶爾健忘。換言之，我的作法是，轉移母親的注意力，讓她覺得，即使會忘記一些事情，也是無傷大雅的。

甚至，我也會灌輸母親一些較為出世的觀念。

「媽！您的年紀這麼大了，能夠慢慢地把一些事情淡忘掉，其實，也是一件不壞的事。因為，這樣的話，反而能夠讓您的心靈更為平靜與清淨，而對於生命的許多事情也就更容易放下了。」

「因此，請別擔心有些事情記不得了。其實，即使是向來記憶力相當好的我，也已經開始會忘東忘西了。還好，會忘記的，多半也不是什麼太重要的事。就讓我們以隨緣的心態去面對吧！如果能夠隨緣面對的話，一切都好！」

我用這些話和觀念去勸慰她，同時，也自我勉勵之。

除了以上的心理建設之外，為了活絡母親的腦力思維以及反應，我也盡力做一些額外的輔助措施。例如，我幾乎每週至少一次載母親到戶外逛逛，讓她也藉此多接觸一些戶外的人、事、物。

每次我都讓母親坐在駕駛座的旁邊，為的是，讓母親有最好的視野，可以看到窗外的所有景物。而藉著窗外景物的動態變化，能夠刺激母親的視覺及腦神筋反應。我相信，這對於她的思維及各種反應能力也應該有所幫助。

此外，當母親的雙眼注視著窗外的景物時，我會一一地為她解說，包括這些地方的名稱？有什麼特色？以及與她較為相關，或她可能會有興趣的事蹟。為的是，想喚起她年輕時的一些寶貴記憶。

不過，我必須顧及母親的體力及作息，她其實並不適宜到太遠的地方，因此，我通常會在市區或近郊附近兜逛。而母親在新竹居住了一世紀之久，這個土生土長的地方，對她而言是太熟悉了。換句話說，幾乎很少有她不認得之處。

往往我開到一個她較熟識的地方時，她也會主動地告訴我那是什麼地方。只是，這些年來，她的年紀愈大，外出的機會愈來愈少。因此，不少她原本很熟悉的地方變得陌生了，偶爾也會問我那是什麼地方？

後來，我改變了方式，每次載她出遊，我就扮演著司機兼導遊的角色。車子行進間所經過的地方，我都會主動地為她解說。當然，偶爾也會考考她。說實話，多半她都回答得出來，雖然也會有所忘記的時候，但，這麼大歲數的人了，總是難免。

雖然我不是學醫的，不過，這樣的做法，我認為效果滿好的。一方面，我可以增加和她互動的機會；另方面，主動的為母親一一解說，就好像在幫她複習以往她所熟悉的人、事、物一樣。我發現她非常感興趣，而且，也很認真地在回想及思考。我想，這對她記憶力的保持，應該會有一定程度的幫助。

「媽，您能否告訴我這是什麼地方？」

有時候，我會刻意問問她，由她來告訴我地方的名稱或特色；也就是，讓她先動動腦、想想看。如果是她很熟悉的地方，通常，她很快地就能回答我。但，如果是很久沒到過的地方，她會遲疑一陣子再回答我。而除非是她真的想不起來了，我才會主動告訴她。

「唉！阿堯，我真的是老了，以前那麼熟悉的地方，現在竟然會想不起來。」

「媽，不要太在意，您的狀況算是很好的了。您又不常出來走動，很久不見的地方，總是會愈來愈陌生的。」

「也請您放心！一時想不起來的話，沒關係，我會給您更多的時間回想。來，我給您一點提示，看看能不能想起來?!」

我真的就是以這種耐性來對待她老人家，因為，我同理她的年歲，也同理她的心境。如果我是她的話，我可能會怎麼想？我會希望別人如何地對待我？雖然，我不見得能非常貼切地想像她老人家的心思，但，我就是至少要做到盡力。

由於我不僅「有心」，而且也「用心」，因此，我發現母親的記憶力，其實還是非常不錯的。而她之所以偶爾也會忘記某些地方或事物，主要原因應該是，她的視力退化了不少，而視覺反應自然也遲緩了許多。因此，在無法完全看清事物的狀態下，難以做正確的判斷，便以為自己忘記了。

如果這種現象重複發生了幾次之後，就信以為真。此時，不僅母親自己會認為記憶力衰退了，同時，週遭的親人也會誤以為如此。然而，事實可能並不如我們所想像的。

因此，雖然母親由於年紀的關係，她的視力很難透過眼鏡完全予以矯正，但，我還是為她配了兩副較適合的眼鏡；一副專為「老花」用的，一副則為「遠距」用的。當然，多少還是有些幫助的。

此外，即使她看清楚了窗外的人、事、物，但，由於年紀大的關係，她的聚焦能力以及視覺反應都已弱化，因此，我在她身旁為她做些提示、描述、及解說，對她其實是有很大幫助的。往往，她可以得到較好的聯想，而重拾記憶的信心。

重要的是，不要輕易向「健忘是老年人的必然」妥協。也許，記憶力隨著年長而逐漸衰減，是不可避免的現象。但，如前文所述，它還是有很大的改善空間。而如果你輕易地放棄，那麼，這改善的機會也就被你輕易地浪費了。

我不想輕易地浪費，也希望我所敬愛的母親，即使高齡如此，但，還是活得很健康、明朗、而自在。因此，我不僅「有心」也很「用心」地做了上述的努力，在此與讀者們分享，希望我們彼此共勉之！

14 我會耐性地當您聽眾，讓您常感溫馨

我常常在想，身為一個高齡長者，在旁人乍看之下，好像非常令人羨慕。畢竟，如果能夠活得既長壽又健康的話，確實是相當不容易的事。可是，如果從另一個角度來看的話，高齡長者其實也有著一般人所難以體會的難處。

別的暫且不說，孤獨與寂寞總是常相左右。可不是嗎？既然身居高齡長者之列，想當然爾，總難免會有一些年紀相仿的同學、朋友、親人……先後離去。隨之而來的，除了孤獨便是寂寞了。

我的老母親已百歲高齡，對於這方面的感受尤其深刻。當然，能夠活得既長壽又健康，絕對是一大福報且值得感恩之事。然而，卻也會陸續看到同學、朋友、親人的紛紛告別。此時，心中的難捨與感傷，又是不得不面對的事實。

母親內心的矛盾與孤寂感，即使她不說，我也能夠感同身受。我在想，人生似乎就是無法避免這種自然法則的運行，好像除了接受，也無從選擇。但，接受心態的正向與否，卻影響著生命與生活品質的好壞。

我深愛我的母親，當然，更希望母親晚年的生活與生命能夠活得自在與得樂。因此，很不希望母親因為年紀大了，就必須默默地接受孤獨與寂寞的命運。我認為，那是絕對可以避免的，而責任就在我們這些為人子女的身上。

如果做為子女的我們，能夠有心並感同身受母親的孤獨與寂寞，而且，又能用心地設法為母親排解，或至少為她減低一定程度孤寂的話，我想，年邁母親的內心一定感到非常欣慰，而她晚年的生命價值也將為之而提昇不少。

可惜的是，多數的子女都不太有心，以為只要把母親日常生活的基本需求打理好，就算是已經盡了孝道。殊不知精神上的慰藉，才是母親內心深處最大的渴望與期待。而如果做為子女的連這點都無法覺察的話，那麼，也只能說是無心了。

偏偏天下父母心，十個母親中幾乎有十個母親，都是愛子女心切，都不願意因為自己的年老，而造成子女的負擔。總是要子女以事業為重，更是要子女以自己的家庭為重，而不需要擔心她老人家的事。

我的母親向來善解人意，總是站在別人的立場著想。因此，她更是以上述的心態對待著我。

「阿堯！時間已經不早了，趕快上班去，你的公司還有很多事要你處理，不要再陪我了。」

「阿堯！不要管我的事了，多去陪陪阿瑩，夫妻的相處比我還重要，我有Leta陪伴著我，你放心好了。」

母親總是考慮到我還有事業要經營，不希望我因為她而分了心。其實，我自交大退休後，與一位傑出的學生合夥，共同經營一個文創科技事業。這位亦生亦友的好學生，體諒我上有高齡百歲的老母。因此，在時間上，方便我每天可以晚點上班以及早些下班，讓我能有更多時間陪陪我的老母，在此，也非常感謝他的善解人意。

至於，與妻的相處，我本來就很重視，根本毋需母親掛慮。而外傭Leta陪伴母親也已將近十年了，說實話，她把母親照顧得相當不錯了，我們很滿意並感謝她多年來的盡心與盡力。

然而，我仍然認為，子女們對母親的孝養，不能僅止於日常生活的一般照料就好。事實上，在精神上及心靈上的慰藉，要遠重於物質上的供養。只是，做為母親的，經常心疼子女、體諒子女，總是把這方面的需求，放在自己心坎深處不說出來而已。

這時候，我們做為子女的就要化被動為主動，而一個有心的子女，不需要等母親開口，自己就會主動去做的。重點在於，做為子女者是否真正有心？它當然不是件難事，因為，有心或者無心只在於一念之間。

只要想想，從小，母親是如何一點一滴地，把我們拉拔長大成人的？這之間，母親的付出始終是無怨、無悔、而且完全不求回報。尤其，我們更該好好地反省，這一生母親對我們付出了多少的愛？即使我們未曾開口，然而，她卻始終默默地主動奉獻。

試想，這母愛是何等偉大？

而今，母親年華已逝，體能老邁了，精神與心靈也孤寂了。此刻，她就像當年孩提時身心皆需要慈母眷顧的我們一樣，也需要兒女們對她付出更多的關懷與照料。

這時候，難道做為兒女的我們，還需要等著她開口嗎？別忘了當我們小的時候，母親是不需要我們開口，就會心甘情願地為我們做牛做馬的。顯然，這點簡單的小道理，是每一個為人子女者都應該很容易想得到的。

如果沒有想到，只能說——你根本無心。

我說了那麼多，其實無意凸顯自己有何特殊之處。唯一想表達的是，這麼做，只不過是順乎天性，有心做一個想要為母親盡孝的人子而已。易言之，這件事其實既平凡又自然。

當然，「有心」是一個必要的基本念頭，接著，真正的「用心」去做，才是更重要的一步。否則，光說不煉是於事無補的。要認清一個事實，多半的母親是不會主動開口提出她內心需求的。因此，子女的主動付出是必要的關鍵。

如果你問我該怎麼做？其實，也沒有一定的法則，因為，每個家庭的環境背景不同，母子的個性有異，互動的模式各有習性，因此，其中的運用之妙，就存乎一心了。我只能建議你，盡其可能地挪出時間來，主動陪陪你這已年邁的老母。

一定要澈底認知，時間是不等人的。你會一天一天地老去，而母親會比你更老；況且，會老得比你更快。換言之，「逝者如斯，無常迅速」，你難道不擔心時光的不再？你難道不會因此而深深感悟嗎？

說實話，我老早就擔心了，因此，我也很早就感悟到這個道理。我經常提醒自己：千萬別讓自己將來後悔；此外，也時而告訴自己：要及時把握住並好好珍惜和母親能夠共處的時光。我很清楚，那麼寶貴的時光，絕對是千金所難以買得到的。

我經常會拿《韓詩外傳》中的名句「樹欲靜而風不止，子欲養而親不待」來警惕自己。年輕的時候，尤其是學生時代，在書本上念到這首詩時，感觸其實有限。如今，自己已年過六旬，母親更是年屆百歲高齡，這首詩對我來說，就有如「暮鼓晨鐘」般地意義深遠。

「能夠常看到母親是一種幸福」，多年來，我總是拿這一句話來提醒自己。真的，別不相信這句話的真實性。說實話，對某些人來說，能夠常看到母親還是一種奢侈呢！如果你在夜闌人靜時，好好地省思這句話，相信你一定會認同我的。

這兩年，我更進一步地告誡自己：「能夠常看到母親，而且又能傾聽她一席話，那更是一種千金難買的幸福」。別認為我誇大其詞，如果你是我這種年紀，有個高齡老母，你定然會完全認同我的。因此，我奉勸大家能夠早些覺醒，別讓後悔發生在自己身上。

坦白說，年輕時，我也未必能夠很有耐性地傾聽母親的言談。但，今天的我卻展現出無比的耐性，內心經常與母親對話：「媽！當您想說話時，我會耐性地當您的聽眾，讓您常感溫馨，而遠離孤寂與無聊。」

我真的是這樣子在做，而絕非虛應。因為，我總是假設母親時而會感到孤寂與無聊（一個百歲高齡的長者，單調的生活中難免如此），因此，我必須經常主動和她老人家保持互動。

而晨昏定省、問候、聊天……等即是最簡便的互動方式，這其實沒什麼大學問，差別只在於做與不做。不做的話，雖然是同在一個屋簷下，卻是形同陌路。而刻意去做的話，母親的內心一定會輩感溫馨，何樂不為呢？

「阿堯！我這麼老了，不用花太多時間與心思在我的身上，你自己的事才是更要緊呢！」

疼子心切的母親總是替我著想，但，這種事我是不會順她意的。我不能讓她因為年邁，就必須面對孤寂與無聊。無論如何，這絕對是我的責任。至少，我應該時常扮演一個有耐性的聽眾，在母親身旁靜靜地傾聽，讓她感受到，即使再老，兒子依然會伴隨在她身邊的幾許溫馨。

15 當您孤寂企盼時，我不會讓您等太久

多年前，我在網路上看到一篇文章：《母親，我怎麼讓您等了那麼久》（作者是劉繼榮）。這篇文章在前後不同時間，我至少看了十遍以上。每一次看完，都會感動到幾乎落淚。

文章裡描述一位罹患癌症的獨居母親，沒有告訴任何人她的病症。在她知道自己將不久人世之前，極度盼望著遠嫁千里之外的獨生女兒，能夠回娘家來讓她多看幾眼。

這個女兒並不知道老母已患癌症，三番兩次總是以工作忙碌、孩子讓她分身乏術為理由，無法抽出時間回家來探望母親。這位可憐的母親內心之失望，當然可想而知了。

直到有一次，母親思女心切，透過他人電話佯稱自己病了，這位女兒才火急地趕回故鄉去探望母親。久別重聚的母女，天倫之樂的溫馨，自然大大地慰藉了這位長年孤獨、寂寞的老母。而這次的相聚，母親似乎也暫時得到了許久未曾擁有的滿足。然而，沒想到，這卻是她們母女倆最後一次的相聚。

這篇文章最令我感動的是，作者在文末三小段，描述了女兒思念老母親的幾句獨白：

『……母親，在生命最後的時光裡，還快樂地告訴我，牽牛花爬滿了舊煙囪，扁豆花開得像我小時候穿的紫衣裳。您留下所有的愛，所有的溫暖，然後安靜地離開。

我知道，您是這世上唯一不會生我氣的人，唯一肯永遠等著我的人，也就是仗著這份寵愛，我才敢讓您等了那麼久。

可是，母親，我真的有那麼忙嗎？』

我在著筆本文之前，特地再把這篇文章拿出來閱讀，雖然都已忘了讀過多少遍了，可是，這次重讀之後，還是感動得眼角幾乎落淚。畢竟，自己年紀也大了，比起年輕時候的感觸更多。然而，真正的原因是，這篇文章著實地感動了我的內心深處。

尤其，在感動之餘，它更深切地提醒著我：千萬千萬別讓母親等得那麼久！我也不時告誡自己，別找任何理由當藉口，因為，我真的有那麼忙嗎？當然不是，忙與不忙都只在一念之間，其實就看自己對此事的重視與否。

坦白說，我非常感謝佛菩薩對我的恩賜，母親雖已百歲高齡，在佛菩薩的保佑及加持下，她老人家仍然耳聰目明。這是極其難得與殊勝的福報，我當然非常珍惜也要盡力把握，否則就太辜負佛菩薩惠賜予我的恩典了。

然而，如何付諸實際行動才是重點。

首先，要認知母親的內心其實難免會孤獨與寂寞的，即使她從來不承認也不輕易說出來。然而，我必須將心比心，如果站在她的立場同理她的心境的話，母親怎麼可能會不孤寂呢？

想想：高齡百歲的母親，除了子女及孫子們之外，其他的親朋好友們，多年來早已陸續地相繼離去。如果子孫們不夠貼心，甚至有疏離感的話，那麼，母親的生活中，一定難免會存在著孤獨與寂寞的陰影。

我的母親向來就是個喜歡樂鬧的人，兒孫們經常來看她，是她最高興的事了。有時候，兄姊們一齊來探望她，大夥兒鬧哄哄地聊著天，即使母親不插上一句話，但，她內心裡也是異常欣慰及滿足的。

只是，母親太客氣了，即使心裡頭很期待著兒女們來看她，但，她卻很少形於色，而且，不會輕易地表達出來。她總是替別人著想，尤其，她經常考量與擔心這些年紀已經不小的兒女們，也有自己在身體及家庭方面的事情要照顧。

「你們不必常來看我，去忙你們自己的事要緊。我有Leta在身邊照顧，你們不用擔心！」

母親總是如此體貼地對我的兄姊們這樣說，其實，我最瞭解她內心深處的矛盾與期待。雖然，這麼大歲數的人根本毋需有如此的為難與憂慮，但，生性善良慈悲的她總是認為，能夠減輕兒女們一分的負擔，便是身為老母親還能給兒女們的一分疼惜。

或許，這不是一件大事，但，卻是我極其敬佩母親她老人家的地方。

我看在眼裡，卻不忍在心頭。

歲月走過將近一個世紀的老母親，什麼大風大浪她沒見過？什麼快樂她沒嚐過？什麼痛苦她沒受過？如今，世間的物質或享樂，對她都已不是重點。雖然，我深知她的生活已儘量朝向淡泊與恬靜了，但，我也絕不希望她感到孤獨與寂寞。

為此，我要化被動為主動，不必等母親開口才付諸行動。因為，母親是一個相當客氣的人，過去，她就很少為了自己的事向兒女們開口，到了這把年紀，她更是不會。

「媽！阿瑩今天到南部拜拜了。您在家已經悶了一個禮拜，我現在有空，載您到外面兜兜風、四處逛逛，藉此也透透氣。」

「我不想出去，你難得假日可以在家多多休息，也可以處理一些平常沒有時間做的事。我是個無所事事的老太婆，阿堯，你就不必花太多時間理會我了。」

你瞧，母親的心思總是如此。倘若我每次都遵循她的意思去做的話，那她老人家可能就真的幾乎會是足不出戶了。

當然，我絕不會讓母親淪為如此的。雖然每次她都那樣說，但，我每次都設法勸服她跟著我出去。坦白說，我真的是付諸實際行動，幾乎每個星期都載母親到戶外走走，並把這當做必須做到的功課。而我發覺效果還不錯，母親的心情是欣慰的。

坦白說，要帶母親外出，其實並不是件很輕易的事。也許，你會問，為什麼？而我必須說，真的沒有你想中的那麼單純。畢竟，母親是一個百歲高齡的長者。我就以一個實際例子，說明如下。

母親是一個虔誠的佛教信徒，多年前在某一個機緣下，她幾乎每年都會到供奉媽祖的「竹南后厝龍鳳宮」敬拜媽祖。尤其是這些年來，她每年更是一定找時間專程去禮佛。

我說過，做子女的要主動同理母親的心思。因此，前些日子，我刻意向母親提議去竹南敬拜媽祖，她很高興地答應了。隨即，我和外傭Leta準備好不少該帶的物品，包括：外出眼鏡、護腰綁帶、按時需服用的藥與維他命、飲水、潤喉檸檬片、遮陽帽、拐杖……等，備妥後全部置放於車子後座。

我們家住在大廈八樓，幫母親換好衣服之後，便以輪椅代步將母親推至地下室我的車子旁，然後，再攙扶她上車。當然，輪椅也必須抬放至後車廂內。由於母親行動不便，所有的動作都必須遲緩，因此，光是讓她上車，也要花上一些時間。

通常，母親會坐在我身旁的前座。一方面讓她能夠有個好視野，另方面，也方便我向她介紹沿途所經過的景物。聊著天，很快地便抵達了目的地。而令我佩服的是，在找路的過程中，她居然還能幫我認路呢！雖然今年她稍有退步，但，就一個百歲高齡的人而言，腦筋還這麼清楚，真是太難得了。

到了「龍鳳宮」之後，母親和我一齊持著香在各處神壇前，向媽祖及諸位神明敬拜。母親的虔誠真是令我敬佩萬分，她老人家其實是行動不太方便，無法獨自站立也難以久站，但，她卻執意起身敬拜，因而必須由我和Leta在後面扶著她。甚至，她還堅持從一樓千辛萬苦地爬上二樓，去向媽祖還願。她老人家如此誠心，做兒子的我也只能設法全力順從她了。

我深知她內心的想法，因此每次禮完佛後，我都會將供桌上的敬茶，請下來讓母親飲用，保佑母親她老人家平安、健康、長壽。此外，我也會幫她備好香油錢，由她親自奉獻給廟方，做一些有意義的事務。完成了敬拜之後，我們趕緊從竹南打道回府，因為，母親的體力其實是不宜外出太久的。

諸如上述的事，若依母親的個性，她是不會輕易向我提出要求的，因此，我總是採取主動，用心地去同理母親的內心深處。其實，母親她老人家是會孤寂的，她也是會有企盼的。只是，她體諒我，而從不主動向我表達她內心的需求。

但，我怎麼能夠讓她等？更不能讓她等得太久！

因為，時間它從不會等人的。一秒、一分、一時、一日、一月、一季、一年……，它永遠不停留。一眨眼間，我和母親都只會更老！

我把這份感受，與天下有心的人子們一齊分享。

16 您的嘀咕或責備，我都甘之若飴

我依稀記得小時候，與鄰居孩童玩耍時，偶爾難免會有些許爭執或吵架。而我自小就是個品學兼優的孩子，是不會主動和別人爭吵的，通常都是對方來挑釁。而受到這樣的欺侮，我當然不可能每次都讓步，必要時也會做些防衛。

有時候氣不過，也會向母親告狀或訴苦。但，得到的回應，通常不是她的安慰或同情。相反的，往往是她的責備或嘀咕。她總是告誡我，不管是我對還是錯，只要能夠忍得住一時，就不會讓事態繼續惡化下去了。

當時年紀小，根本不會懂得這個大道理。甚至，認為母親太不講理了，明明是對方不對，卻還要讓自己的孩子忍氣吞聲。母親這樣的說詞，我自然是聽不下去的，但，小小年紀的我也無可奈何，只能順著她的教誨了。

等到稍微懂事之後，才慢慢理解到母親當時的做法，其實是用心良苦的，也顯現出她極為睿智的一面。

回想當時褚家的家境，在左鄰右舍中是最貧窮的一戶了，而那個年代，窮人在社區中的份量是相對弱勢的。母親不希望我們這些孩子，因為不必要的爭吵而讓事態演變成更加複雜，何況，那非僅於事無補，反而徒增紛爭。

換句話說，如果一開始母親就不站在我這邊，我得不到她的支持與呵護，一回、兩回都是如此的話，我自然而然就學會，應該如何更低調的去面對這類的問題。如此，至少可以防止這個家發生不必要的麻煩，而保有最起碼的平和。

此外，雖然錯不在我，然而，母親卻要我學會如何忍氣吞聲，這又是她用心良苦的另一事了。當然，小小年紀卻要有如此高度的涵養，著實很不容易。但，話又說回來，一個窮人家的小孩，其實也沒條件能有太多想法的。

不過，至今回想起母親當時的做法，她是睿智的。至少，她讓我更早學會人與人之間在處世上的現實面；學會了如何「忍辱負重」；學會了「忍一時則海闊天空」。讓我很深刻的認知「忍」的重要性，尤其，對一個窮家子弟而言，「忍」更是一門受用不盡的功夫。

母親的前半生便是一個活生生的教材，她自己更是以身作則的好導師。我在前兩本拙作中，多次提到如下的內容：

「母親家學淵源，是清末秀才的遺腹女。她的一生充滿著傳奇性，不僅出身寒門，從小失怙，且經歷了兩次不同家庭的養女歲月，卻從不怨天也不尤人。及長，雖嫁做貧窮地主之妻，但家道一貧如洗。十個子女先後出生，沈重無比的家計負擔，長期不斷的加諸在她一個弱女子的身上，卻能夠隨緣認命，咬緊牙關，憑著自己無與倫比的堅強毅力，以及天生的聰慧靈敏，終於振興了褚家的家運。」

從這一段短文中可以確信，母親對我們這些子女的教誨，不單只是言教，而且更是身教以示。尤其，她極其艱辛與困頓的前半生，對她的前程並沒有造成阻力或障礙，反而，成為她力爭上游的助力。而此點，更是最令我敬佩的地方。母親！您真是我阿堯一生的導師。

我必須承認，在這樣一個原本極為貧困的家庭中，卻有著這麼一位偉大的母親，才能造就出今天在社會中發展還不錯的子女們。她的孩子中有博士、有教授、有名師、有作家、有董事長、有總經理……，雖非達官顯貴，但，至少也算是社會的中堅份子，而這些全拜母親當年及長期的睿智所賜。

說實話，以母親的貧寒出身，以及所處艱困年代，她還能單靠自己的一雙手，培育出如此均質的兒女們出來，你不得不佩服當年她對子女教育的重視與堅持，以及她在教育子女的睿智與成功。

然而，這些成果的背後，都有著相當的努力與代價。我依稀記得，為了同時教養我們這些分屬不同年齡階段的眾多子女，母親就必須扮演著比一般家庭還要嚴厲的母親。否則，真的是難以有效管教如此眾多的子女。

為此，生活中母親對我們的嘀咕或責備，絕對是在所難免，甚至，是司空見慣的了。當然，可以理解母親之所以需要嚴厲，其實是對我們愛之深責之切的善意。

不過，當時年紀輕，不見得能夠完全體悟這個深層道理。經常將母親的嘀咕或責備，視為煩人的囉嗦或嘮叨。殊不知，她不厭其煩的苦口婆心背後，其實是想藉著生活中的現實經歷，來淬煉她這些子女們的心性。

還好，雖然我們沒能全然領悟，但，我們這些孩子還算受教。即使不能說完全欣然接受，然而，她的孩子們中，沒有一個抗拒她的諄諄教誨，而是選擇了順從與配合。結果證明，當時她的做法是正確的，而她的堅持也是睿智的。

我在寫她的第一本拙作《話我九五老母——花甲么兒永遠的母親》一書中，就談及母親是我一生的導師，她對我影響最深的，有下列十項重要典範：

「家和事興的母親」、「善解人意的母親」、「聰慧靈敏的母親」、「無怨無悔的母親」、「慷慨隨和的母親」、「養生有道的母親」、「苦中作樂的母親」、「虔誠信佛的母親」、「達觀自在的母親」、及「顯時忘名的母親」。

這些得自於她的無價之寶，都成了日後我在社會中待人處事的依循。它的重要性，就好比如我在人生大海中航行，無時無刻都必須仰賴的舵。如果沒有了這個舵來控制及導引航行的話，我想，我會頓時失去人生明確的方向及依循。

我當然也很清楚，自己能夠從母親身上獲得這些至寶，很大成份是得自於她當年看似嘀咕或責備的言教，其實卻是能夠讓我終生咀嚼不斷，而且是愈嚼愈香的人生哲理泉源。坦白說，這些哲理令我終生受用不盡。

慚愧的是，隨著自己的年歲漸長，以為知識增加了、能力提升了，尤其是在學歷及職場上稍有發展後，便開始有些忘形了。自認為，不再是以前的稚鳥，從此可以獨自展翅而飛了。因而，對母親的教誨不再像往昔般地言聽計從。甚至，她的許多勸導或建議，竟然偶爾也視為老人家的囉嗦或嘮叨。

換言之，對母親的苦口婆心之語，我不再像孩提或年輕時那麼心平氣和地聽下去。甚至，偶爾耐不住性時，還會與她辯解，數落她老人家的思想太守舊，作法太落伍了，希望她老人家不用再為我的事而操心。

然而，事實證明，我行我素的結果，很多事情並沒有比以前處理得更好，生活也不見得比往常過得更為順遂。每每想起，從前那孩提及年輕時，家境雖窮，但生活中卻充滿著溫馨與快活的日子。因為，家中有個慈母與賢母在掌舵，任何問題只要與母親傾談，便能得到及時及適當的解答或協助。

沒想到，及長，自以為羽翼已豐，不再需要母親了。甚至，認為年邁的老母反而需要仰賴我呢！也許，表象的瑣事如此，但，許多內在深層的問題卻不然，因為，它需要的，是更圓熟的智慧與沈穩的人生經驗。而這些圓熟與沈穩，始終保存在母親她老人家的身上，未曾減少，只有增加。

說實話，很少人能夠活到百歲，而我也只是才過一甲子歲月的人而已。因此，實在很難理解一個百歲人瑞的思維與智慧是如何？想當然爾，這樣的人必然擁有著非常圓熟的智慧與相當沈穩的人生經驗。

而我何其有幸，竟然有著一位這樣令人敬佩的母親在我身邊。

她教導了我許多，讓我獲益無窮。尤其，她教我學會如何去面對這無常的生命以及多變的生活；她仰賴的不是聰明，而是智慧。光是這點，就足見母親的人生智慧，真是深不可測。

這些日子以來，我深刻的做了上述的反省與檢討，並慎重的告誡自己：我錯了，母親是對的。我應該像孩提及年輕時一樣，對她老人家完全的信任，對她充滿智慧的教誨，要虛心傾聽，而不要任性地排斥及辯解。

想想，我還有多少時間能夠伴隨我的老母親？我還有多少機會能夠多聽老母親的苦口婆心及耳提面命？我能不好好珍惜嗎？我能不確實善加把握嗎？

當然，我要及時把握與珍惜，並向母親她老人家告白：

「媽！您的任何嘀咕或責備，我都會甘之若飴。」

17 我會更悉心照顧您，也呵護您的尊嚴

一般人總認為，與母親的相處只是一件稀鬆平常的事。而往往就因為把它視為很平常的事，以致沒有付出更大的心力去對待。尤其，人的行為模式是慣性的，一開始怎麼做，以後幾乎會是一直依循著當初的慣性而行。

事實上，和母親的相處，乍看之下雖是件很平凡的事，但，平凡中卻是極具意義的，而且，是深富人生哲理的。而這些哲理中，有很多是這一回人生所該學習及體悟的。

我常常在想這麼一個平凡問題：如果我們無法和自己的母親相處得非常得宜，那我們會是怎樣的一個人？這話或許太籠統！換一個方式來問：如果連生我們、養我們、育我們的母親，我們都無法盡到起碼的孝道，那麼該怎麼看待我們自己呢？

或許，你可能認為自己在待人接物上很有一套，社交能力很好、人緣奇佳，但，對母親的孝道，卻不見得重視或做得不夠用心。那麼，我會認為，你那些能力都是虛偽的，是有所求的，是目的性的。這樣的人，在人格上其實是有瑕疵的。

試想，一個人，如果對生養自己的母親都不懂得孝順，那麼，你又如何相信這人的心性、人格、情操……呢？而他所表現出來的外在行為，又能讓我們相信其中幾分是真與善的呢？

我說得其實並不過份，實在是孝道太重要了。不是常聽說：「百善孝為先」嗎？如果連生養自己的母親都做不到孝道的話，請問，其他的善行，又如何能讓別人信服呢？

坦白說，這方面的行為觀測，真的是可以從孝行的表現來以小見大的。因為，孝順母親的行為，其實就是人類自性的本然展現；它是順乎情的，不假造作的。如果你不能如此做的話，一定是你的自性某種程度被覆蓋了。而這之中，有太多的功課，值得我們去學習。

就以網路上轉載的文章——《看父母就是看自己的未來》為例，文中所寫的其實都是很平常的事，但，很多人未必做得到或做得不夠盡力。我摘述幾段重點如下：

「……如果有一天，你發現在吃飯時間，他們老是咳個不停，千萬別誤以為他們感冒或著涼，（那是吞嚥神經老化的現象）。如果有一天，你發覺他們不再愛出門……。

如果有這麼一天……。我要告訴你，你要警覺父母真的已經老了，器官已經退化到需要別人照料了。……不要讓他們覺得被遺棄了。

每個人都會老，父母比我們先老。我們要用角色互換的心情去照料他們，才會有耐心、才不會有怨言。……並請維持他們的『自尊心』。……

如果有一天，他們真的動不了了，角色互換不也是應該的嗎？為人子女者要切記，看父母就是看自己的未來，孝順要及時。

如果有一天，你像他們一樣老時，你希望怎麼過？……你留意過自己的父母嗎？……你的父母還有多少時間等你？」

這篇看似很平常的文章，如果能夠細嚼慢嚥地去品嚐的話，是會消化出一些耐人尋味的親情哲理的。如果你「有心」，而且，也「用心」的話。

我從文中獲得不少啟示，也學到不少該特別留意的重點。雖然，毋庸客氣地說，我在為母親盡孝方面也已做了不少，但，我還是從中學習到了很多。至少，文中的那些重點，會隨時提醒著我、鞭策著我。

尤其，我的母親如今已百歲高齡，套句該文作者所言：「你的父母還有多少時間等你？」、「孝順要及時」、「角色互換的心情去照料」、「維持他們的『自尊心』」等，都是我刻不容緩該及時把握的，以及行孝中該特別注意的一些重點。

為此，除了正如我在前面各章所述，如何實際付諸行動去孝順我所敬愛的母親之外，我也會不厭其煩地向母親說：

「媽！請您放心，無論您多老，我都會更悉心地照顧您，同時，也會注意呵護您的尊嚴。」

我不是為了居功或討好她才如此說，實在是，這麼大歲數的老母親，眼看著自己的身體及精神逐日老邁，心理上一定感慨甚多，信心上的失落更是在所難免。我之所以這麼對她說，是要安她的心，讓她老人家不要有被遺棄的不安感。

照理，她是一個成功的母親，更是一個深受親友們敬愛的長者，不該有這樣的擔心才對。而事實上，我也認為她一向活得心安理得。只是，侍候一位百歲高齡的長者，我必須更加審慎，更要將心比心地去同理她老人家可能的情境。

「阿堯！你上面有這麼多位兄姊及兄嫂，我卻一直住在你家，由你和阿瑩照護。

這麼多年來的長期麻煩，我對你和阿瑩當然很感激，但，也覺得非常歉疚！」

我可敬的母親就是如此客氣和體諒他人，連住在自己兒子的家，都還要設身處地的為我著想。我當然知道她的心境，也明瞭她的顧慮。為了不讓她老人家擔心太多，我嘗試以下面的話來慰藉她，希望她的內心能夠更釋懷些。

「媽！您千萬別這麼想，也別這麼說。」

「我很高興您能夠住在我這兒，尤其能夠侍候您這位百歲高齡的老母親，其實是我的福氣。此外，也是我們倆母子緣份特別深厚的關係，我應該好好珍惜，也感到非常榮幸！」

「雖然，我上面還有這麼多位兄姊及兄嫂，但，他們的年紀也都很大，體能方面多半也都已老邁了。而我是您的么兒，相較他們來說，身體狀況好了許多。因此，由我來照顧您，也是順理成章的事。」

「此外，上天賜給我比其他兄姊們更多的機會來孝順您，我除了感恩之外，也常這麼想：由於我的承擔更多，相對的，也減少了其他兄姊們的負擔，也讓年紀已不小的他們更覺放心。我能這麼做，其實無意間也饒益了他們，又何樂不為呢？」

這些話我會重複再三地對母親說，為的是安她的心，不要想太多，更不要有多餘的擔心。但，除了用言語來加強對她的心理建設之外，更重要的是，在日常生活中以實際行動用心的為她付出。

「用心付出」不是空口白話而已，用心就是要盡心。前提是，深信百歲高齡的母親是絕對值得我為她盡心孝順的。誰說不是呢？她可是為我懷胎十月，生我、鞠我、長我、育我、顧我、度我……的血濃於水的慈母呢！

別人會怎麼想，我不必在意。重要的是，我就是「有心」這麼想，也想很「用心」地去做。因為，「誰言寸草心，報得三春暉」？更何況，時間不會等人的，孝順就是要及時。

古文曾經言及「秉燭夜遊」，這兒，我則提醒自己對百歲高齡的老母親，更要切記「秉燭行孝」。需知，人生中許多世事，錯過了就不會再重來。如果不想造成日後的遺憾，就該及時把握現在，或至少做到盡心與盡力。

我對母親的「有心」、「用心」、「盡心」、與「盡力」，在本書的前半部文中，多少可以望出一些端倪。雖然，我不敢說做得有多好，但，我敢說絕對無愧於那三個「心」與一個「力」。至少，道盡了一個很想孝報母恩的人子，對他所終生敬愛的慈祥老母的無限心聲。

坦白說，照護一位百歲高齡的老母，其實不是一般人想像中的那麼容易。真的，只有那些有過實際經驗的人才能體會得到。而且，「盡心」兩個字，實務上也很難全面顧及到。那麼，又該如何拿捏呢？

正如古文所言：「民之所欲，長在我心」。這麼大年紀的母親，其實她需要的並不多，因此，孝順她的重點及原則就在於「母之所欲」。千萬別用自己的觀點及想法，強加諸於她的身上。我就曾經犯了這種錯誤，即使出發點是善意的，但，也許還是大錯特錯。

有時候，甚至反而弄巧成拙，傷了她的自尊。真的，要給她心中確實想要的。尊重她，別輕易抹殺她的心意。切記，要讓母親在這麼大的歲數，還能感受到被孩子完全敬愛的尊嚴。其實，這樣的要求，一點也不為過，甚至，比物質上的需求，來得還要重要！

這方面的小小道理，雖然很簡單，但卻不容易做到。因為，經常在不經意中，被輕易的忽略掉了。我不希望自己常犯此錯，因此，時而在心中向母親吶喊：

「媽！我會更悉心照顧您，也呵護您的尊嚴。」

母親一生虔誠敬奉觀世音菩薩（這尊佛像供奉在家中佛堂，是她特地為我請來的）

花季時，我常陪伴母親至十八尖山賞花

▌我與母親攝於高翠路翠壁岩寺

▌母親和我於十八尖山幸福亭前留影

▌母親於翠壁岩寺庭園石桌前留影（早期全家經常在此野餐）

母親和我於花季時，至十八尖山賞花

母親和我於十八尖山幸福亭前小憩

母親和我在十八尖山盛開的杜鵑花叢前留影

▌母親和我在十八尖山花鐘前留影

▌花季時，陪同母親至十八尖山賞花

母親除夕清晨，於客廳虔誠敬拜天公

母親除夕傍晚，於客廳虔誠敬拜祖先後，在桌子旁邊休息

▍祖母之紀念日，母親虔誠敬拜

▍母親大年初一中午，於客廳虔誠敬拜祖先

▍祖母的紀念日，母親虔誠祭拜

端午節時，母親虔誠敬拜觀世音菩薩及歷代祖先

母親在客廳虔誠祭拜先父（先父的紀念日），我在身旁扶著她

先父之紀念日，母親在客廳佛堂虔誠禮拜

我與虔誠的母親攝於竹南后厝龍鳳宮前

▍母親攝於竹南后厝龍鳳宮前（慈眉善目）

▍母親與我另次於竹南后厝龍鳳宮前留影

母親堅持爬上二樓，準備以最虔誠的心敬拜媽祖（竹南后厝龍鳳宮）

母親總算很辛苦地爬上了二樓，準備向媽祖虔誠敬拜（竹南后厝龍鳳宮）

母親爬上二樓後太累了，先休息一下再敬拜媽祖及諸位神明（竹南后厝龍鳳宮）

母親在竹南后厝龍鳳宮二樓虔誠敬拜媽祖後喝敬水

陪同母親至古奇峰普天宮參拜關帝公

我與母親攝於新竹科學園區附近金山寺

陪伴母親至飛鳳山參拜諸位神明

▌母親與我另次攝於新竹關帝廟前

▌母親與我於新竹市城隍廟前合影

▌母親在新竹市土地公廟虔誠敬拜

▌陪同母親至竹科附近金山寺敬拜觀世音菩薩及諸佛菩薩

母親在金山寺虔誠敬拜觀音佛祖及諸佛菩薩

母親於新竹市孔廟前留影

▌母親於竹蓮寺（觀音亭）虔誠敬拜觀世音菩薩

▌母親與我於關帝廟廟口前留影

農曆過年逛街時，母親於城隍廟前留影

母親與我於五指山觀音寺虔誠敬拜觀世音菩薩

母親於五指山觀音寺虔誠敬獻香油錢

母親於天公壇虔誠敬拜
天公（玉皇大帝）

母親與我於綠水里及公園里土地公廟拜拜

母親與我於天公壇敬拜後，上車前留影

母親於天公壇虔誠敬拜天公及諸位神明

母親於五指山觀音寺敬拜觀世音菩薩，我在一旁扶著她

第三篇

做為您的兒子，我無上榮幸

母親膝下育有十個子女，正好是五男五女。若論排行，我是「五男」，而就整體而言，我則是母親的第九個孩子。這個排行相當後段班了吧？如果以今天這個年代來說，我是絕對不可能出生的，因此，我要心存感恩地對她老人家說：

＊「母親，謝謝您生下了我」

母親是在她三十五歲時生下了我，我是她的么兒。在她的這麼多位子女當中，就屬我和母親之間的緣份最為深厚了。似乎這一生，我注定要被她生下來；而且，她之於我，是個「慈母」的角色，而我之於她，則是盡力做個「孝子」來報答她的恩情。

坦白說，從小至今，無論是母親對我的「舐犢情深」，或是我對她老人家的「孺慕之情」，在在都顯現著，於我們之間那宿世難得又珍貴的善緣。尤其，她對我一輩子無始無邊以及無怨無悔的生我、鞠我、長我、育我、顧我、度我……的浩瀚恩情，更令我的內心不由自主地產生了如下的感念與情懷：

＊「能做為您的兒子，我無上榮幸」

＊「我雖老，但您更老，我當更加珍惜」

＊「您的人生智慧常在我心，讓我力量無窮」

＊「您是我終生無時不眷念的身影」

＊「與您同在，讓我成為心靈富裕的人」

＊「您一直是我心中寶貝，我也永遠珍惜」

＊「每天都能看見您，是我最開心的事」

＊「您慈祥的凝視，眼裡滿是疼愛與溫馨」

18 能做為您的兒子，我無上榮幸

母親出生於民國六年，我是在二次世界大戰後七年左右出生的，她的年紀大我整整三十五歲。那時候，節育的觀念並不普及，也還是個多子多孫的傳統年代，因此，每個家庭所生養的孩子多半不會太少。

我們家兄弟姊妹算起來是五男五女，也就是，母親膝下總共育有十個子女。不要說現在，就是在那個年代來說，也是屬於子女較為眾多的家庭。

記得某次假日，我和母親在新竹科學園區靜心湖畔的全家商店休憩時，鄰座正好是一群香港來的教會婦女遊客。見母親和藹可親、平易近人，閒聊之下，得知母親已屆百歲高齡，而且育有「女」孩及兒「子」各五位。

隨即，其中與我年紀相仿的某位女士，竟然雀躍地脫口而出：

「先生！你母親真是好福氣啊！她生了『五好』呢！」

「你看，五個『女』孩加上五個兒『子』合起來，不正就是五『好』嗎？（女＋子＝好）難怪，你母親的外貌看起來就是個福相，是個好命婆呢！」

感謝這位香港女士的金口，我頓時恍然大悟，也真是佩服她的急智。向來自認為不笨的我，居然從未想過可以做如此精湛的解釋。這點，我真的是甘拜下風了。

承蒙這位有緣女士的金玉良言，以及對母親的虔誠祝福，我也頓時由衷感受到，能夠做為母親的兒子，真是無上的榮幸。尤其，更不知要累積多少深厚的緣份，才能夠與母親結下這如此難得的母子善緣。

怎麼說呢？我在母親的十位子女當中，排行老九，也是她的么兒。我常會這麼想，別說是今天這個世代，就算是我出生的那個年代，排行已到第九的我，要能被生下來，真的也不是一件必然的事。

除非，緣分前定、因緣俱足使然。而我與母親之間的關係，這一生中，她對我的舐犢情深，或是我對她老人家的孺慕之情，絕對是緣深緣厚所自然形成的。而那種自然之情，就像你與某人雖然素昧平生，但，卻一見如故的親切感覺，完全不假造作而渾之天成。

這麼深厚的母子情深之緣，其實是很難理解的。我試著以佛學中常提及的人際間的四個因緣及關係（「報恩」、「報怨」、「討債」、與「還債」）來解釋。

顯然，我和母親之間應該是屬於「報恩」的關係吧！我在想，母親於宿世中必然是對我恩重如山，而為了報答她的恩情，甚至，我還趕上做為她子女中的第九個孩子。這種急於報恩的積極度，也就可想而知了。

坦白說，仔細環視今天的社會，不難發現「世風日下，人心不古」，而孝道之漸衰，以及父母與子女間關係不佳之實例，更可說是比比皆是。然而，慶幸的是，我和母親之間關係相當良好，和她老人家的相處也非常的融洽及和諧。

不諱言地說，長年以來，母親加諸於我數不盡的疼惜與關愛，以及我對她老人家全心全意的孝順和敬愛，這些互動之間，幾乎沒有絲毫的牽強與做作，而完全出自真情的自然流露。

在此，我也必須實話說，母親膝下如此眾多的子女們，每一位都很孝順她，而她也很疼惜她的每一位子女。但，容我很自以為是地說，我認為，她疼惜我的程度，還是要比其他人多了一分，我真的是她最疼愛的么兒。

關於此點，我也不客氣地要說，母親這麼做是有她的道理的。因為，於她而言，她感受到我這么兒對她多年來的孝道，確實要比他人付出了更多的心力。因此，無怪乎我會經常感受到，母親她老人家對我溫馨無限的關懷。

就拿我的健康為例吧！這些年來，我的肝功能不太好，她很擔心，除了經常提醒我一些該留意的生活習性及飲食細節之外。更令我感動的是，她總是經常為我祈禱。

尤其，母親每天有敬頌佛號的習慣，經常在早上九時半以及下午三時半兩個時段，她會跟著「華藏衛視台」（頻道一〇二），敬頌「阿彌陀佛」聖號。每當頌完之後，只要我在身旁，她總是直接迴向給我，祈求阿爾陀佛能夠保佑及加持於我，讓我的肝功能趕快痊癒，並恢復身體的健康。（附帶一提的是：我每天也都將持誦六祖壇經的功德迴向給母親，祈求她老人家健康長壽，活到一百二十歲。）

每次，她總是以很虔誠的心，將她持頌的佛珠輕觸在我身上肝臟的部位，然後，唸唸有詞地上下拂動，意味著藉助佛力的加持，將我的肝臟修復痊癒。

我深深地感受到母親愛子心切的慈悲心，以及她深厚無窮的願力。甚至，可以感知，如果可以的話，她真想為我代受病痛的無怨無悔之心。母親這種無私的愛與真情，又怎不令我感動萬分呢？

啊！於我，母親是何等的慈悲和無私？試問，這世間還會有那一個偉大女性，能夠為你不求回報地付出呢？還會有什麼樣的女性，能夠持續地愛你而永不止息呢？

不！沒有別人，只有偉大的母親！

「阿堯！晚上不要太晚睡，才不會影響肝功能喔！」

「來，我剛敬頌完佛號，迴向給你，讓阿彌陀佛加持及保佑你，趕快恢復你肝臟的健康。」

種種這些簡單的關懷與祈願，出自我百歲高齡的老母親口中，在她慈祥和藹的眼神下，我感受到她對我無限慈悲的愛心。頓時，一股溫馨暖流貫穿我的全身。啊！原來母親的愛，是如此的不同於男女之愛，是如此的純真，是如此的永不動搖！

她是我的母親，是我從小至大一直熟悉的母親。她對我的愛，從來不曾改變，不曾因我已長大成人、結婚生子而改變過。而我對她老人家的愛，又豈能改變呢？何況，母親已高齡百歲，我自當更加關愛及呵護她才對啊！

為此，每當面對母親時，我總是在內心提醒自己向母親默念：

「媽！能做為您的兒子，我深感無上榮幸！」

因為，這樣的觀想，能夠經常告誡我自己，既然做為母親的兒子是如此的榮幸，那麼，就必須好好珍惜和母親還能共處的有限時光，畢竟，母親已是百歲高齡的長者了。切記，切記啊！

而坦白說，我確實也以能做為她的兒子為榮。此點，可以從這些年來，我以母親為主題，陸續為她而寫的幾本專書中，看出我對她老人家的孺慕之情，完全出自原始的至誠，以及無法造作的純真。說實話，如果心中沒有如此深濃的愛與真情，我是無法寫出來的。

這些書包括：《話我九五老母——花甲么兒永遠的母親》（民國一〇一年，秀威資訊）；《母親，慢慢來，我會等您》（民國一〇三年，秀威資訊）；以及本書《母親，請您慢慢老》（民國一〇五年，秀威資訊）。

這三本書雖不敢說是嘔心瀝血之作，但，坦白說，對我這業餘作家而言，連續三本書要每隔兩年出版一本，也是費了我相當的心力和時間的。而如果不是有心的話，它是難以達成的。

我這麼做，只有兩個目的。其一，真的是想表達一個人子對慈母的孺慕之情。其二，希望這些母子情深以及為母盡孝的真實故事，能夠廣為流傳，並做為推展孝道的借鏡。

而最令我感動不已的是，每當這些書呈現到母親手上時，我看到她老人家充滿慈祥的眼神以及一臉欣慰的表情，這時，什麼話都不用說，就已澈底溫暖了我的心。我在想，這世上的愛，還有什麼愛比母子之情更為純真與誠摯呢？

尤其，值得一提的是，這本書寫到一半時，在一個機緣下，我以《再老，還是母親的小小孩》一文，參加「第四屆海峽兩岸『漂母杯』文學獎」散文組比賽，居然幸運地獲得了第三名。

年過花甲之年，生平第一次參加如此大型的文學獎比賽，我以一介非文學背景的人，初試啼聲即被肯定而獲此大獎，心中喜悅之情，真的是筆墨所難以形容。尤其是母親，她比我還要高興，欣慰之餘還不忘向我道賀：

「阿堯！恭喜你，你又再次為褚家門楣增添了光彩！」

其實，我何德何能？獲得這項殊榮，絕對不是因為我的才氣，而是，文中我對百歲高齡老母盡孝的至誠，感動了上天，也感動了這些資深評審委員們的赤子之心。

而那種至誠、那種感動，只源自我內心對母親既真誠又濃郁的孺慕之情：

「媽！能做為您的兒子，我深感無上榮幸！」

19 我雖老，但您更老，我當更加珍惜

最近，友人傳來一則網路訊息，報導聯合國世界衛生組織，對年齡劃分標準作出了新的界定。將人的一生劃分為五個年齡段：（1）未成年人（0至17歲），（2）青年人（18歲至65歲），（3）中年人（66歲至79歲），（4）老年人（80歲至99歲），（5）長壽老人（100歲以上）。

看完之後，不免暗自雀喜一番。沒想到，根據這個新界定，我這已過花甲之年的人，昔日被稱之為「老人家」，而今卻被歸入「青年人」的行列。真不知道，該高興與否？其實，倒有幾分啼笑皆非之感。

姑且不論聯合國世衛組織的新界定如何，從時下年輕人的角度來看，我這六十幾歲的人，早已被歸戶為老者的族群了。至於，是屬於新標準中的青年？中年？或老

年？其實，皆已無關緊要，那只不過是名詞或稱謂的問題罷了。

重要的是心態的問題，如何面對生命的未來。我當然明白自己的青春不再，也無從知曉未來的生命幾何？唯一能掌握的，就是活在當下，紮紮實實地活在每一天。因為，無常的生命以及多變的生活，誰又能恒常掌握？

尤其，甫過花甲之年的我，即使很不情願面對，但，也不得不承認，自己相對於青年人已是老矣！更何況我那百歲高齡的老母親，當然就更是「長壽老人」了。而就一個急思孝順老母親的老兒子來說，我難道不該好好珍惜當下嗎？

從小，我們就讀過不少有關時間是如何珍貴的文章或成語。例如：「光陰似箭」、「日月如梭」、「白駒過隙」、「歲月如流」……等佳句名言。此外，在學生時代，我們也寫過了不少有關該如何珍惜光陰、把握時間的作文。

可是，說實話，到頭來，我們多半只是光說不練，任憑時間蹉跎而去，這幾乎已成為多數人的慣性。直到有一天，猛然回首，才忽然覺察到，我們的青春不在，斯人也已老矣。

以我自己為例，回想我二十七歲時結婚，母親正值六十二歲，當時我就覺得母親已經很老了。沒想到，這好像還是昨天的事，如今，我竟然也已經是母親當年上下的年齡了。此景真教我不得不承認，歲月之飛逝如水流，尤其，更像白駒之過隙。

很奇怪的是，我們每天如常般地生活渡日，日子也如常般地一天一天飃逝。換言之我們一天老於一天，可是心理上卻從未真正覺得自己的老，總認為，自己仍然擁有著用不完的時光。這真是錯得離譜，但，也許這就是一般人們的通病。

直到近年來，我才真正感受到自己的老。而這也是在我陸續成為孫子們的外公及祖父之後，才有感而發的。雖然，老並不是件可怕的事，因為生命的老其實是每一個人必經的自然現象。只是，在老化的過程中，由於我們的不經意，錯失了許多寶貴的人、事或物。

而這些寶費的人、事或物，如果我們有心去關注的話，其實，某些程度是可以珍惜或掌握的。或即使掌握得很有限，但，至少當時已曾經盡力過，因此，也就比較無愧於心了。

真的，人生有許多事是不可能倒帶的，錯過了一時，是絕不可能重新來過的。

就再以《韓詩外傳》的名句：「樹欲靜而風不止，子欲養而親不待。」為例。這詩句早在中學時代我們就已能朗朗上口了，也深諳詩文的意義。然而，有多少人真正感受到內心該有的觸動？我們年少時或許不知，但，即使年歲更長，無動於衷者，依然是彼彼皆是。當今世道之日衰，由此可見其一二。

不諱言地說，我算是較早感悟這句名詩的。尤其，我這已過花甲之年的老兒子，真是何其有幸，高堂仍有一位百歲老母可以讓我來孝順。因此，這句詩文對我的警惕之深、之重，更是我無時無刻都必須銘記在心的。

雖然說「父母跟前，不言老」，但，正如前文所言，我的年紀真的也該算是老了。而為了提醒、警惕自己，避免將來的遺憾，我常在內心裡對母親這麼說：

「媽！我知道雖然我也老了，但您比我更老，我當更加珍惜您！」

我怎能不更加珍惜呢？百歲高齡老母親的近況，雖然腦筋還是很清晰，但，在體力及精神上都已不如以往那麼地強健及飽滿了。畢竟歲月不饒人，體能的日漸衰微，總是任何人都會面對的生理自然現象。然而，當我看到母親她老人家如此時，心中還是滿滿的不捨之情。

例如，近日和母親一齊用晚餐時，經常會發現她因吞嚥上的退化，而造成噎咳的現象。為此，我教外傭Leta儘量把母親的食物，切割成較容易吞嚥的大小，並且隨時提醒母親，要記得細嚼慢嚥，千萬別急著吃完。

「Leta！我已經吃完了，妳可以幫我收起來了。」

「阿嬤！您還沒有吃乾淨呢。您看，還有兩塊蘿蔔在這兒呢！」

每當Leta在收拾碗盤時，往往會發現母親的小餐盤裡，還殘留著些許的食物。原來，母親的視力已不復以往那麼地敏銳了，因此，經常沒有覺察到盤中所殘留下來的細小食物。

尤其，令人心疼的是，即便是喝湯的小小動作，對常人來說，是件輕而易舉的事。但，對母親而言，卻已是有些難度。雖然如此，我們還是儘量讓她自己來做，以免愈來愈鈍化。因此，每每看到母親在喝湯時，會有不少溢到匙外的情形，已不引以為奇。

不過，在冬天時，我怕湯冷了不好喝，索幸直接餵母親，好讓她能夠趕緊喝完。此情，讓我想起了當我小時候，母親必然也花了不少時間，教我慢慢的用湯匙、用筷子吃東西吧！而如今，時空置移、角色互換。當我以湯匙餵母親就口之時，望見她很柔順地讓我餵她，頓時，我內心那種百感交集，真是筆墨所難以形容。

只覺，一股極為溫馨的暖流，如泉湧般地穿流在我整個心田。這雖只是一件稀鬆平常的小小事例，但，卻教我領略到，什麼叫做舐犢情深？什麼叫做孺慕之情？真的，這世上還有什麼愛，會比母子之間的愛更為純真？而且，更為無所求？

其實，這種原始真愛的領略，是每個人與生俱來的本性；同時，也是捶手可得的。只是，現代人的心性愈來愈功利主義，愈來愈為物慾所驅使，被與日俱下的世風所蒙蔽，不僅迷失了既有的本性，也造成了今天對孝道日漸不重視的社會。

在此，我非常樂於和讀者們分享我的經驗。真的，要好好珍你還能與雙親共處的時光，因為不管時間是長或短，其實，相對而言都是有限的。尤其，你一天老於一天，而你的父母會比你老得更快，能不珍惜嗎？

也許，我的觀念或做法，有些人可能不完全認同。但，我深信「百善孝為先」的自古明訓，孝順父母絕對是我們這一生中責無旁貸的大事。

這兒，我還是要不諱言地說，我真的是如親友們所說的，非常盡心盡力地在孝順母親。我經常這麼期許自己：一個對母親很孝順的人，必然也會很體貼自己的老婆；當然，也會愛屋及烏地疼惜自己的兒女及孫兒們；甚至，更會推及到諸親友及與自己有緣的人們。

因為，一個「有心」及「用心」在對母親盡孝的人，心性肯定是至善的。即使，對其他人在相待程度上難免會未盡完善，但，可以確定的是，這種人的心量絕對是厚實的，胸懷也絕對是寬宏的。而這樣的人，應該是屬於善類的一群吧！

為此，我也呼籲讀者們，如果你的身旁或週遭有個孝心十足的人，請多支持他、多鼓勵他、多成全他、也多同理他的心。因為，要做一位孝子是不太容易的。尤其，要孝順一位百歲高齡的老母親，也絕對有你想像不到的難度。

我確實是這麼一路走過來的，坦白說，比你所想像的辛苦還要辛苦許多。然而，即使很不容易，也雖然非常辛苦，但，我心中沒有不滿，也沒有怨言。因為，我總認為：做為一個人子，難道不就是該這麼做嗎？

更何況，我還有多少時間可以蹉跎？母親的歲數已經這麼大了，佛菩薩還會給我多少時間？我無從得知。但，我唯一可以做的，就是及時珍惜與把握住現在，好好的孝順母親她老人家，讓她真正感受到我對她的孺慕之情與無怨無悔的孝心。

寫得這麼多，只想對與我有緣的讀者們說：或許此刻的你沒有我這麼老，但，你的母親肯定比你老了許多。為了避免你日後感到遺憾，我誠懇地請你學學我，經常向母親說：

「媽！雖然您老了，但，請放心，我會更加珍惜您！」

20 您的人生智慧常在我心，讓我力量無窮

母親是我這一輩子所認識的女性中，極少數能夠令我敬佩的聰慧長者之一。她的學歷並不高，童年時只受過六年的日本教育。但，以她生於民國六年，又出身寒門，還能夠正式的受到學校教育的洗禮，也算是很幸運的了。

雖然所受的教育並不高，但，天性聰慧靈敏的她，憑著無以倫比的堅強毅力，努力向上、自我突破，不僅改造了自己原本受限的命運，更深深的影響了她後來的每一位子女。尤其是我，在她的諄諄教誨下，真是受益無窮。

不諱言地說，母親的聰慧靈敏是異於常人的。此點，可以從她很多小地方，看出一些端倪。

例如，在她的成長過程中，從未受過正規的「漢學」教育（相對於她六年的日本

教育），但，勤奮上進的母親卻設法透過自學的方式，學會了「國語」（亦即當時的漢學）。

此點，對母親日後造成了很大的便利及幫助。無論是在閱讀報紙、小說、雜誌、信函，或是在做生意以及待人接物上，都讓她能夠更得心應手。

我常這麼想：就一位百歲高齡受日式教育的台灣舊時代女性而言，目前還能看得懂書報刊物上的文字，以及影視上的字幕，坦白說，確實也不太容易。

尤其值得一提的是，我曾經出版的三本散文集，以及為母親而寫的兩本專書，她都一字不漏的將它們看完。雖然，她的視力已經弱化了許多，但，她還是堅持一定要分段看完它們，只因，這些書的作者不是別人，而是她緣深情重的么兒。

此外，她的心算能力更是令人佩服。雖然，她不會使用算盤，也不曾用過計算機。但，一般的加減運算，若只靠心算而不用紙和筆的話，她的速度既快又正確。絕不吹牛，八十歲以前的她，心算能力真的是比我還要快。

雖然，目前百歲高齡的她，所有的動作都遲緩了不少。但，令我非常欣慰及感恩的是，她的腦筋仍然非常的清晰，即使心算速度慢了些，但，精確度卻仍然保持正常。

所談的這些，或許只是細瑣之事，但，在在仍可看出母親她老人家在靈敏上的一些特質。而由於她有這些靈敏特質，我們這些兒女們，長期在她的耳濡目染下，多少也薰陶及培養出如何面對及挑戰生活的能力。

其實，母親的天賦不僅止於「靈敏」，而且，更令我佩服的是她的「聰慧」。並非因她是我母親的緣故，我才如此說。事實上，她在這方面的優異，也是親朋、好友、鄰居、以及做為她的兒女的我們，所一致認同的。

易言之，她真的是一位受大家歡迎及敬佩的長者。當然，她的魅力主要也來自於不僅「聰慧」，而且兼具「靈敏」的人格特質與行事風格。有關母親這方面的典範，我在前兩本專書中已有較深入的著墨。

此處，我還是想把一些重點再略加描述。因為，她那些令我愛戴、景仰、甚至崇拜的偉大德操與人格，不僅從孩提時代即已深深地影響著我，甚至，如今我都已為人祖父了，但，無論在處事或待人的智慧及圓融上，仍然遠遠不如母親的修為。

這些值得我終生學習及效法的典範，大致與「待人」、「處事」、及「心靈」等三者有很密切的關係；而這三者，事實上，也是任何人的生命及生活中的重要實體及構成元素。以下，我稍加略述一二。

有關「待人」方面，母親傳承了「圓融的待人哲學」智慧。她教導我要特別注意

「待人大肚，慷慨隨和」、「善解人意，體恤人需」、以及「手足相愛，家和事興」等三個待人圓融的重點。

其次，「處事」相關方面，她則傳承了「睿智的處事態度」智慧。告誡我要經常關注「理事聰慧，接物靈敏」、「苦中作樂，忙裡偷閒」、以及「貧時忘憂，養生有道」等三個處事睿智的原則。

至於「心靈」方面，母親則傳承了「豁達的心靈氣宇」智慧。她引導我要隨時掌握「胼手胝足，無怨無悔」、「虔誠信佛，菩薩恩持」、「豁達自在，樂觀不懼」、「內斂低調，顯時忘名」等四個心靈豁達的訣竅。

坦白說，母親這些「待人」、「處事」、以及「心靈」典範，都不是她用言語教條式告訴我的。事實上，她很少以一位老師的角色來訓誨我。相反的，我所描述的那些典範，都是從小至今，我在她的身教之下耳濡目染所整理出來的。

對母親而言，這是她老人家一路走來，歷經了漫長的艱辛歲月，以及無數的困頓與煎熬下，所淬鍊出來的人生智慧。而對我來說，則是她傳承予我的人生無價之寶。

並非每個人都能夠有如此的機緣，而我何其有幸，能夠擁有這樣的一位好母親。尤其，可以這麼近距離地與她朝夕相處，在日常的互動中，直接受惠於她的言教與身教。換言之，母親其實就是我這一生，可以直接仿效的一位良師。

我必須承認，就憑藉著母親所賜予我的這些寶貴觀念與態度，經常幫助了我在多變的生活中以及無常的生命裡，即便是面對非常艱難的問題或困境，也多半能夠迎刃而解。

坦白說，對我而言，母親就是我生命中的一位上師，以及黑暗中的一盞明燈。而這一位上師與這一盞明燈所蘊藏的無價智慧，隨時都等待著我去開採與善用。但，年輕的時候不太懂得珍惜，蹉跎了不少時光。等到年紀大了，才驚覺自己身在寶山中而不自知。關於此點，不僅可惜，也是我感到非常慚愧的地方。

想起年輕的從前，真是太不自量力了。常自以為學歷、職業、能力、成就……等表現都還算不錯，便自視甚高。總認為：母親的許多觀念早已過時、迂腐；她的苦口婆心顯得嘀咕；她的諄諄善誘也視為囉嗦……。說實話，我真的是犯了「貢高我謾」的劣習而卻猶不自知。

然而，修養極佳的母親，總是不怪罪於我的那些不是。她慈悲為懷的胸襟，從不計較我對她的失禮或不敬，尤其，更是多所包含及寬容。不過，她老人家愈是如此待我，讓我反而愈覺得內疚萬分。

也就是在漫長的歲月中，我從孩提、少年、青年、中年……及至今天的老年，母親長期在我身旁無始無邊、無怨無悔的教化我，展現了她老人家令我萬分敬佩的驚人耐性與包容力。終於，我這顆頑石，總算逐漸地學會了謙卑與柔順。

我真的非常感謝母親，因為，母親一生都在度我，她是我的佛菩薩。

我也必須承認，我的劣根性深重，而且冥頑不化。幾乎很少人能夠說得動我，也很少人會讓我感到服氣。而母親，她就是真正會讓我感到服氣的人。這當然不會只是單方面的言教而已，更重要的是，她在身教上的實際示現，讓我愈覺得她是一個言行一致的人。而言行一致的母親，當然就讓我更加景仰與敬佩了。

我必須說，在她的教養下，我真的是獲益良多。否則，我也不可能理出前述有關她的諸多智慧典範。而這些人生智慧，隨時在無形中影響著我、引導著我，讓我更有勇氣去面對無法預知的未來；同時，也讓我更有信心去克服那些突如其來的困頓與挫折。

即便是今天，母親已是高齡百歲，她的頭腦依舊清晰如昔，只有身體的活動不再像以往那麼地敏捷。但，她的人生智慧似乎是更上了另一層樓。這可從她十年來對外傭Leta的善待，以及她老人家和我及妻三人間的和樂相處，得知她老人家在待人接物上，心胸是何等的圓融與寬懷。

坦白說，很多人際關係的高難度細節，都不是一般人所能做得到的，但，對母親而言，似乎從來不是問題。我當然知道，那非得要有極高度的修養與極寬宏的胸襟不可，但，我的母親，她就是有，而這也是我最敬佩她老人家的地方。

如果要用一句話來說，我要說：「母親的『心量』夠大」。

而心量要夠大，那真是不容易。因為，一個人的心量，並非想要大就可以大的。坦白說，那可要相當的修行與涵養才能俱足其行呢！

我並非一昧地讚嘆我的母親，因為，如果不是她的行為示現感動了我，我又如何能夠寫得出來呢？而說實話，她對我一生的言教與身教，都讓我的內心由衷地想對她說：

「媽！您的人生智慧常在我心，讓我力量無窮。」

21 您是我終生無時不眷念的身影

每個人的一生中，總會有他非常摯愛的人。至於所摯愛的人，或許不只一位。甚至，在人生不同的階段，所摯愛的對象也或有不同。但，即使對象不同，但，那種情意懇切的程度，卻是真誠而實在的。

青少年時，所摯愛的人，或許是父母、良師、好同學、好朋友；在踏入社會後，或許是好上司、好同事；戀愛時，是好情侶；結婚後，是好太太；而生了孩子之後，則是好兒女……。換言之，在人生不同的階段，我們都有著不同摯愛的對象。

不過，這些曾經摯愛的對象，也會隨著時間的過遷，以及人事的幻化，而有著相當程度的更迭。這些造成更迭的因素，或許是因為長久疏於聯絡了；或許是完全失聯了；或許是接觸頻繁而致淡然；也或許是其他的因素，都有可能導致摯愛不再是摯愛。

然而，在這一生裡，你所曾經摯愛的對象中，無論時間如何變遷，或人事如何幻化，有一種摯愛幾乎是亙久不變的，那就是父母對子女的愛。尤其是，母親對子女的摯愛。

我為何要說「尤其是，母親對子女的摯愛」呢？因為，我總認為，父親對自己的子女當然也會關愛，但，憑良心說，父親對子女關愛的程度，多半還是比不上母愛來得偉大。這話自然不能隨意講，還得有些依據呢！

就拿下面這一句西方諺語：「上帝無法照顧到每一位孩子，因此派母親來照顧」為例。請注意：是派「母親」，而不是父親。由此可知，母親對子女的責任與恩情，自然是遠超過一般父親之所為，這其實也是毋庸置疑的。

當然，我也認同夫妻或異性間的愛，也存在著很多真誠、偉大而彌足珍貴的摯愛。但，若更深入而仔細地去思維的話，程度上還是沒有母愛來得偉大。

就先從愛的「出發點」來說，據研究，男女之間初始的愛苗，多半是源自於荷爾蒙的催化而形成的。而母親對子女的愛就不同，它是源自於純然的天性，是自發性所生成的母性之愛。

再從愛的「目的性」來說，研究顯示，男女間異性之愛，雙方間彼此愛慕的背後深具目的性，多半是有情慾上的互相需求性的。無論是肉體上或情感上，都建立在得到對方的回報；換言之，這種愛的付出是具期待性、是具回報性的有條件之愛。

而母親對子女之愛則不然，它是沒有目的性的，更是沒有條件的。沒有像異性之愛的肉體或情感上的情慾需求，所有的付出完全無私，沒有期待，沒有條件，不求回報。那種愛，令人有「春蠶到死絲方盡」的感覺與感動。

我要說，這種母親對子女的愛，才真叫做「摯愛」！而這種愛，較諸於前述的幾種愛，其偉大的程度，當然有過而無不及。這種看法，我相信讀者們多半也會有所同感吧！

前面我試著從愛的「出發點」及愛的「目的性」，略談母愛與男女異性之愛的大不同，以及母愛何以更為崇高、偉大、及可敬。其實，即使不先談這些，光是母親為我們每一個子女懷胎十月，這之間她所承受的各種煎熬、苦痛……等，就已經夠偉大了，也夠令人感佩了！

而談到我這百歲高齡的老母親，當然就更令我敬佩萬分了。她膝下有十個子女，五男五女。若以一個子女需懷胎十月來算，母親這一生中，總共約花了八年以上的時間在懷胎我們。八年呢！何其長久的時間？而這只算生育的時間，還沒有把其他教養的時間與心力算進去呢！

這個令我敬佩萬分的女性，我的老母親，即使不談別的，光是生育及撫養這十個子女長大成人，也就已經夠偉大了。如果再加上由於她的聰慧與靈敏，而造就了她這些還算不錯的子女們，那就更顯現出她真的是一位很不平凡的女性。

我必須說，我們這些子女若算是有點小成就的話，那麼，這些成就與榮耀，真的，全都要歸屬這個偉大母親的功勞。

以上的見解以及諸多感觸，是從多年來實際的經歷與體悟有感而發的。而這其中的許多見解與感觸，都已內化成我對母親盡孝的原動力，而且，塑造成對孝順的擇善固執。我總認為，為人子女者，對母親當如是乎！

為此，我也非常誠摯及懇切地，要向全天下所有為人媳婦者呼籲，請妳們能夠以最大的胸襟與心量，體諒妳們的另一半。如果他是一位孝子，請全力支持他，將來妳肯定會受益的。因為，你的另一半既然能夠那麼孝順他的母親，往後的日子裡，他也肯定會同樣地，甚至加倍地疼惜你、照顧妳。

千萬別因為他花了許多心力及時間在他的母親身上而吃味，他不是刻意如此，而是順乎天性。也千萬別作比較，懷疑他究竟是比較愛妳，還是愛他母親比較多？因為，愛是無從做比較的。

尤其是，要求一位先生在妻子和母親之間，就所付出的愛，分出高低或是多寡？那絕對會讓先生左右為難，而且，肯定是件非常痛苦的事。

這樣的問題，真是令人尷尬。就好比如父母問子女們說：「你們比較愛爸爸，還是比較愛媽媽？」一樣的難以回答。我想，即使再聰明的人，也真不知該怎麼作答才好。

而唯一不會令任何一方產生不悅的答案，當然就是：「你們兩位都是我的至親，我都愛。」

其實，這樣的問題本質上是沒有意義的，而沒有意義的問題是不該被提出來的。尤其提出來之後，因而衍生出更多的弊病或副作用的話，那不僅於事無補，反而更擴大了問題的裂痕。

於此，我要懇請天下為人媳婦者，能夠靜心地想想：你的先生和你的婆婆之間的關係非比尋常。他們是母子，是血濃於水的血緣關係；「母子同心」本是天性的表現，是再自然不過的親情現象。因此，請妳們能夠多方包涵，也請妳們能夠寬懷接納。

因為，有一天，當妳成為一個老母親的時候，也會有同樣的處境，同樣的感受，以及同樣的企盼。

寫到此，如果天下為人媳婦者，還能接受我上述觀點的話，那麼，也請妳們能夠再認同我以下的心情與感受吧！

坦白說，就做為一個百歲高齡老母親的兒子的我而言，我真的是將老母親視為我無時不眷念的身影。因為，母親她老人家已經是這般年紀了，我真的不知道，佛菩薩還會恩賜多久的時光，讓我與母親共敘母子情緣。

因此，我怎能不好好珍惜呢？說實話，我能做及該做的，便是及時珍惜以及把握住每一片時光。為此，請體諒我會付出更多的心力在老母親身上，當然，也會花更多的時間在她的身上。因為，我不想將來留下任何遺憾之處。

相信我，我深愛我的太太依然如昔，並沒有淡化也不會有所折減。我只是，必須暫時多挪出一些時間及心力在老母親的身上。畢竟，母親已是遲暮之年，我真的非常珍惜有限的未知時光，也真的好想抓住能夠把握住的每一片刻。這樣難得的孝心，是不是該被完全體諒以及全力支持呢？

這幾天，我突然感受到母親似乎比以往更加老邁了些。她的聽力更弱化了；眼力也比以前更吃力了；牙齒咀嚼能力再沒有往昔那麼地順暢了；腳力也無法獨自站立，而更需有人牽扶著她了……。

或許，以一位百歲高齡的長者來說，她的健康狀況算是不錯的了。然而，我每天和她朝夕相處，眼看著她老人家的體力與精神，別說是一年不如一年，一季不如一季，一月不如一月；坦白說，其至是一日不如一日呢！

她是我最敬愛的母親，當然，她也對我這個么兒特別疼惜有加。因為，我和母親的母子緣份，是在她諸多孩子中最為深厚的。換句話說，我和她的母子關係，不僅情深，而且義重。

我當然知道，今後的日子裡，母親的逐日老邁現象，是會愈來愈明顯。雖然那是必然的自然現象，然而，看在眼裡，我就是於心不忍。除了盡我所能地為她付出更多的關懷、尊重、與照護之外；更重要的，就是隨時提醒我自己，要及時把握與珍惜能夠和她共處的有限時光。

畢竟，母親和我彼此之間，那罕見深濃的牴犢情深與孺慕之情，總叫我內心不時想吶喊：

「媽！您是我終生無時不眷念的身影。」

22 與您同在，讓我成為心靈富裕的人

在我寫過的文章或出版的書籍裡，我很少以自己為中心做話題。這兒，我想略加描述一下自已。客觀說來，我出自寒門；家中共有十個兄弟姊妹，光是這麼多的人口，家計又甚為窮困，因此，從小生活之艱辛、貧乏，可想而知。

有一句話說得好：「貧窮是一所最好的大學」。這話對當年我們褚家孩子而言，真是貼切極了。至今我依然記得，在我年少時的左鄰右舍中，就屬我們家最窮了。還好，在母親賢慧的教誨下，我們褚家的孩子都有著「人窮志不窮」的上進心。

當然，我們吃得比鄰家孩子差，穿得也非常粗陋。別說零用錢了，三餐能夠吃得飽就已是萬幸了。至今，我仍然不會忘記，小學時的球鞋穿到破了底，還不能輕易丟掉，必須繼續穿到無法撐下去為止。相信我，這些都是實話。

然而，我們都毫無怨言。因為，母親為了這僧多米少的家計，已經夠苦的了，我們又何忍增添她的煩惱與憂心？

貧窮人家的孩子是早熟的，也是懂事的。貧窮讓我們知道自己的劣勢，貧窮讓我們懂得力求上進，貧窮讓我們懂得知足常樂，也學會苦中作樂，……。這些，當然不是我們天生秉賦得來的，而是母親的言教、身教賜予我們的。

她教導我們，貧窮並不可悲，悲哀的是因貧窮而喪志，那才是自絕人生之路。所幸，母親的聰慧靈敏教會了我們，要以樂觀進取的態度，積極地去開創自己的人生。未來的事會怎麼發展，當然沒有人能夠預期。但，相信嗎？在兒時街頭巷尾的鄰居中，褚家孩子雖是最貧窮的一戶，但，卻是最會念書的一家呢！

當年，母親在這方面對子女的諄諄教誨並沒有白費心力，因為，今天她所有子女的小小成就，驗證了她是睿智的，她是聰慧的。我無權代替我的兄姊們表達他們的觀點，但，以我自己來說，我雖非富有權貴之人，但，這一生中，我自覺是一個心靈富裕的人，只因，從小在母親的耳濡目染下，滋養了不少心靈上的資糧。

母親在這方面對我的影響，非僅止於孩提及青少年時。事實上，她的言教與身教影響了我的一生。甚至，即使是已經高齡百歲的她，此刻依然深深的影響著我，而我也非常心甘情願地接受她的教誨與引導。

這一輩子，我向來自視甚高，很少有人在德性及情操上，能夠真正讓我佩服與尊敬。而母親，她則是極少數人中的第一人。說實話，母親當然也是會有缺點的，而我偶爾也會對她有不敬之處。但是，我必須承認，最後總會讓我這顆頑石點頭的，也只有母親一人。

我並非刻意誇示母親這方面的能耐，我沒有這個必要，因為，我也不是個什麼知名或重要人物。我只是就事論事，從一個平凡人子的角度，以感恩的心，去述說母親在待人處事方面賜予我的無價之寶。

這些無價之寶，與金錢、財物全然無關，但，由於母親對我自小到大的諸多循循善誘，讓我成為心靈富裕的人。坦白說，一個人要能自我感到在心靈層面上的富裕，並非容易的事。甚至，它其實是一件難度頗高的挑戰。

看看今天這個世代，功利主義迷漫在扭曲的社會價值觀裡，追求財富的累積，幾乎已成為時下的全民運動。我並非說財富的追求是罪惡的，只是，人們因急功近利於此道，幾乎忽略了心靈成長方面的追求，那才是真叫人憂心呢！

而我何其有幸，有著母親這一位聰慧慈悲的心靈導師。

母親從小出身寒門，但，即使在她的經濟狀況漸入佳境了，卻也不改其節儉成習的美德。相信嗎？今天已經高齡百歲的她，竟然連一張餐後擦嘴巴的衛生紙，也要使用好幾次才捨得丟掉。我每每告訴她，這麼做似乎不太衛生。但，她卻巧妙的回答我：

「我都是找那沒用過的部位來擦，你看！這一面還是很乾淨呢。用一次就丟了，豈不是太浪費了？」

我真的不便再反駁她了，因為，她的做法確實是有道理的。

雖然這只是一件小小的事例，但，包括我，現在的人有幾個人能夠做得到？母親生性不僅不重視物質方面的享受，而且，非常惜物，她絕對不輕易浪費可用的物資。在她身教的耳濡目染下，我也很自然地養成了節儉的好習慣。

母親的美德不僅在於這些小地方，她更是一個愛心十足的大善人。就拿我在前兩本專書也曾提過的，長年以來她把新竹市政府每個月的「敬老津貼」三千五百元，以及「安老津貼」三千元，全數提領出來，並再加上自己的儲蓄，每半年一次分別捐贈給：慈濟、創世、門諾、德蘭兒童中心、華藏衛視……等慈善機構。

甚至，她還經常把省吃儉用的積蓄，捐贈給她認為需要幫助的對象。我長年深受她德風的感召，因此，每當幫她處理這些捐贈事務時，我自己也配合捐出了一些善款。

這些年來，母親的善行不勝枚舉，包括在身旁照顧她的外傭Leta，也深受母親在財務上及心靈上的幫助。無怪乎，Leta要把母親視為她一生中最大的恩人與貴人。Leta曾經非常感動地對母親表達她內心無限的感恩之意：

「阿嬤！您就像是我心中的聖母．瑪利亞呢！謝謝您！」

母親是個為善不欲為人知的人，做了好事，不僅不居功，也不願意張揚。這點，我真該好好地向她學習。因為，坦白說，我這方面的沈穩性還是有很大的改善空間。

「阿堯！在社會上處事，記住！一定要把持住『不貪』。凡是不屬於自己的錢財或東西，千萬不能佔為己有」。

其實，這方面的操守我應該是做得很不錯的了，向來沒有違背母訓。但，母親至今偶爾還是會再三提醒我，可見她對一個人的德性及情操，是何等的重視。

「阿堯！做人不必強求大富大貴，最重要的是，但求問心無愧、心安理得。心靈的平和，才是真正的富裕。」

你瞧，如此平易卻又偉大的小小做人道理，出自我百歲高齡的平凡母親，怎不令我敬佩萬分呢？

另一件也讓我肅然起敬的榜樣是，母親她很少會去道人之所短。明明是對方有錯，但，她卻絕口不予數落批評。必要時，甚至，還刻意去強調對方的優點。坦白說，已過花甲之年的我，閱人也無數，但，能夠有如此胸襟的人，其實也不多見。而我的母親，卻是少數人中的一人，我，真是與有榮焉。

某一天清晨，Leta陪母親從博愛街的交通大學校園回來，以一種極為佩服的語氣對我說：

「阿嬤實在好了不起，校園裡好幾位老太太一起聊天時，經常會抱怨她們媳婦的點點滴滴。但，阿嬤從來不說自己媳婦的不是，反而，還勸這些老太太朋友們，要多看些媳婦的優點，彼此才會好相處。阿嬤真是令人敬佩啊！」

此點，我倒是可以為她老人家作證。真的，在我的印象中，幾乎從未聽到母親對她四個媳婦的怨言。自古以來，婆媳間的相處本是一件不容易的事，我不知道母親是如何辦到的，但，她確實就是做到了，而這也是我格外敬佩她老人家的原因之一。因為，我必須承認，換成是我的話，我真的沒有把握能做到。

總之，舉了上述的例子，無非是想強調母親在待人處事方面的不凡之處。當然，還有好多事例不勝枚舉。也因為如此，她才會令我那麼地敬佩，而且，一輩子深受她的影響。

此外，她是一個非常惜情念舊的人，也是一個懂得知恩圖報的人。那些在她年輕困頓時曾經幫助過她的人，每一個人她都想設法回報，而且，她也確實盡力地去一一達成。但，總有做不到的時候（例如找不到當事人），這時，她的內心不免耿耿於懷而若有所失。

除此，她也對週邊不認識的人做了不少善舉；之前我談了很多，此處就不再贅述了。無怪乎，外傭Leta說母親就像是聖母・瑪利亞的化身；而對我來說，她老人家則像是觀世音菩薩的化身一樣。

值得再提的是，她的慈悲心，不僅是對自己家族的子女、孫兒們如此，即使是親戚、朋友、鄰人，甚至不認識的人，她也都本著愛人的慈悲心，付諸行動去關心及幫助他們。此點，我絕不誇大其詞；事實上，認識母親的人，對她也都是有口皆碑的。

最令我敬佩的是，如今已是百歲高齡的她，依然是行善如常、慈悲為懷。何其有幸，我有母如此。我會永記她老人家的教誨，並感恩於她的言教與身教，因為：

「母親！與您同在，讓我成為心靈富裕的人。」

23 您一直是我心中寶貝，我也永遠珍惜

小時候，我們每個人都是母親的寶，是母親心中的一塊肉。我們的一顰一笑與一舉一動，都牽動著母親的心疼與心喜。不，非僅小時候如此，即便是你已經為人父母了，而在母親的心目中，你依然是一個寶，她永遠愛你也疼你。

就拿我自己為例，已經是爺爺及外公身分的我，依然能夠被我那百歲高齡的老母親關愛與疼惜，那真是莫大的福報啊！我必須坦誠地說，母親至今依然把我當成寶一樣地對待，那種幾乎永不止息的愛，真令我感動到不知該如何形容。

誰說不是呢？——「再老，還是母親的小小孩」。在母親的心目中，我們似乎不曾長大；在母親的懷抱裡，我們永遠是她一心想呵護的寵兒。畢竟，我們都是她辛苦懷胎十月生下的寶貝，她又怎能不心疼呢？

「阿堯，別忘了待會兒吃一塊紅豆麵包，是阿瑩買的，紅豆很香，很好吃哦！」

妻偶爾會至RT（新竹一家很有名的麵包店）買甜點，知道母親很喜歡吃紅豆相關的食品，便特意買了紅豆小麵包（通常是三個一袋包裝）。她每次都佯稱吃不下這麼多個，而總會刻意留下一個讓我吃。

其實，麵包很小，即使一次把三個都吃下也不成問題。外傭Leta告訴我，是母親捨不得吃，疼惜我，執意要我和她一齊分享。以前我都會回絕她的美意，但，這幾年來我不會如此做。因為，那是她老人家的善意，我又怎能辜負她呢？

不僅僅是妻買給她的紅豆麵包如此，包括兄姊們或親朋買來孝敬她的好東西，例如：榴槤、干貝、燕窩、水蜜桃、日本柿乾……等，母親每次都非得幫我留下一份，她才會心甘。

到後來，我也總算學會了這貼心的小道理：有時候爽快地領受別人的好意，其實也是一種體貼。甚至，我索性在面前吃給她看。結果，她老人家看著我吃，眼角裡及目光中充滿著慈祥又滿意的神情。頓時，內心裡漣起了莫名的激盪。啊！我早該如此順著她的意去做。

人生底事，有太多太多的功課，好像我們非得歷經一而再、再而三的教訓，才能夠學會似的。坦白說，這是沒有道理的。因為，那些功課其實也沒想像中的那麼困難。而往往問題就在於自己，我們太執著、太自以為是了。

我們總是犯了如此的錯誤：以為母親愛我們是天經地義的；以為母親把我們當做寶是必然的；以為母親為我們犧牲是應該的；以為母親原諒我們的過錯是我們應得的；甚至，認為母親為我們付出一切是她該有的責任；……。好像，母親天生就必須一輩子為我們做牛做馬似的。

當然，這完全沒有道理。但，偏偏現今社會上的許多人，嚴重地犯了上述的錯誤觀念，卻猶不自覺。

我們只要捫心自問地想一想，母親的逐漸老邁，日復一日，月復一月，年復一年，然而，我們為她付出了多少？我們為她犧牲過什麼？今天，角色互換，我們孝順她不也是天經地義的事嗎？我們可曾把母親也當成寶來疼惜？

真的，如果我們摸著良心靜靜地想一想，就應該自覺慚愧才對。因為，我們從母親那兒得到的，真是太多太多了。而我們為母親付出的，卻是少之又少。啊！何其慚愧？何其慚愧！

早期的我，年輕不成熟，思考也不夠深入，曾經犯了許多疏忽。還好，我醒悟的早，付諸於對母親的盡孝也不算太遲。因此，對自己的良心，也算是交待得過去。但，總還是有些遺憾，因為，如果我能夠做得更早的話，那我的內心肯定會更加踏實與欣慰。

尤其，老母親已經高齡百歲了，無論是身體機能或是精神狀態，都在逐日遞減中。雖然，以一個百歲高齡長者的健康狀況，母親算是很不錯的了。然而，近日來我發現，用餐時她經常無法看清盤中的食物，尤其，自己在以湯就口時，幾乎有一半湯食是溢出在外的。此時，我內心的不捨之情，就不知不覺油然而生。

因為，這種現象以前不曾發生。在我的印象中，母親總是那麼地輕巧、靈敏。這情景好像才是昨夜的事，而曾幾何時，母親竟然變得像是一個小孩似的，需要旁人的協助。

「來，媽！沒關係，慢慢來，我會幫您。」

我索性以湯匙餵她，協助她把湯喝完。一開始，她當然不會同意。畢竟，母親也有她的尊嚴。後來，她也覺察到，真的是有一半的湯是溢在碗外的，這時，才免為其難的讓我幫她。

話雖如此，但，日常的生活瑣事，如果母親還能自己動手的話，我還是會儘量讓她自己去做。因為，這樣會有助於她手、腳、及腦筋的反應靈敏，而減緩日漸鈍化的程度與速度。

不過，還是不免有些涉及體力的動作，往往是她老人家心有餘而力不及的。此時，真的是無法放心讓她去做。例如，家中浴廁室的進出，便是她的體能所無法獨自完成的。

雖然，我還特地在門柱上裝了兩個把手，以便於她能抓握，但，由於她的體力無法久站，因此，仍然必須仰賴Leta的協助，才能順利完成。此外，為了方便她隨時呼喚人，我還在家中分別裝了三組無線電鈴：一個在她的床邊，一個在浴廁室，另一個則在輪椅上。這樣的設計，足以涵蓋她在家中的所有活動空間。每當她有所需要時，只要隨手一按電鈴，我們立即趕至，非常方便。

我能夠這麼考量，也是多年來照顧她老人家的經驗累積而來的。但，前提還是在於不僅要「有心」，而且要「用心」。坦白說，幾乎很少人能有近距離親身照護百歲老母親的經驗，因此，可資參考的事例自然也就不多了。為此，想要做好這件不容易的事，也只有靠自己的「有心」及「用心」了。

我不敢說自己做得有多好，但，不諱言地說，應該算是還不錯的了。因為，對母親的盡孝，除了前述的「有心」及「用心」之外，我更是「把母親當做寶來疼惜」。

正如前文所說的，身分已是祖父輩的我，至今仍被我那年邁的老母親當成寶一樣疼惜，我真是備感溫馨及幸福。因為母親她老人家，那種對我永不止息的愛，令我無法不感動。而如今，她已百歲高齡，體能已逐日弱化，猶如嬰兒之體，諸事也日需仰賴，猶如嬰兒之心。正所謂已邁向「返老還童」、「老小老小」的老母親，她無時不刻正需要著我，我又豈能不藉此機緣，好好對她善盡反哺報恩之孝道？

為此，我非常珍惜能夠孝順她的每一個機會，也認真地把握住還能夠和她相處的每一個時間。因此，我無時無刻都在提醒自己，並在內心告訴自己：

「母親已是百歲高齡的長者了，我若真想要孝順她，就要確實『有心』，而且要『用心』；尤其，如果不希望自己將來感到遺憾或後悔的話，更要及時『珍惜』及『把握』住當下。」

由於有這樣的認知及感悟，更加重了這些年來我對母親的孺慕之情，也更積極地把母親當做寶來對待。這樣的心態，正如同自小至今，她始終把我當成寶來疼惜一樣。慚愧的是，我所能回報於她的，實在不如於她老人家對我的萬分之一。

真所謂：「誰言寸草心，報得三春暉」。這輩子母親之於我的愛，真的就像春暉般地和煦，惠賜了我在人生不同階段所需的溫馨與暖意，讓我得以順利成長及茁壯。

而如今，我能回報於母親的，能夠為她效勞的，無論是就時間而言，或就能為她老人家所做的來說，真的是微不足道。那種微小到如同小草般的孝心，再怎麼也難以回報母親這一生一世對我的浩瀚慈恩。

因此，我唯有如前所述，抓緊時間，並及時「珍惜」與「把握」當下，全力秉持「有心」及「用心」在孝順母親上，並將其視為最重要且最優先的事來處理。

我也深知，百歲高齡的母親，對於身外之物的任何物質需求，早已內斂成清心寡慾。因此，我對她老人家的孝順之道，除了注意基本的「孝『養』」她的「身」之外；更要著重在她的「心」，亦即，還要確實做到對母親心靈上的「孝『敬』」與「孝『順』」。

換言之，我經常提醒自己，絕對要注意到「身」與「心」的並重。尤其，今後對老母親更要特別「尊敬」與「順從」她的心意。因為，唯有如此，才能夠讓她老人家感受到生命長存的尊嚴、意義與價值。

我無法解釋那是什麼原因？但是，總覺得有一股力量，一直協助著我努力不懈於對母親的孝道，尤其，我的內心經常不由自主地向母親告白：

「媽！您一直是我心中寶貝，我也永遠珍惜。」

24 每天都能看見您，是我最開心的事

民國九十五年，先覺出版社推出了日本的一本暢銷書《佐賀的超級阿嬤》譯本，在台灣也非常熱銷。我先睹為快，深受書中內容的感動。作者島田洋七後來陸續以《超級阿嬤系列》又推出了好幾本相關文集，我也都買來閱讀。

我之所以對這些作品如此熱衷，主要原因之一，當然是這些內容確實既溫馨又感人。尤其，作者昔日洋溢歡笑的貧窮生活，就在他的生花妙筆下，以笑中帶淚的筆法，賺取了無數讀者們的感動與共鳴。

而另一個更主要的原因是，讀完他全部的作品之後，我確實感動到了，也引起了相當高度的共鳴。尤其，他所描述的那些故事與內容，與我個人的生命經驗，其實有著相當程度的印證與呼應。甚至，更激發了我也想為我母親寫幾本類似傳記的決心。

其實，我與島田洋七的年齡相仿，他大我兩歲，都在二戰之後出生的。因此，我們的成長環境及條件大致差不多，我很能體會他書中所談的事實；甚至，內心也引起了很大的迴響。那種感覺讓我得以輕易超越時空，很快的回到了孩提及青少年時期的我。

我和島田洋七至少有兩個共同點：其一，我們自小就是一個窮小孩；其二，我們都有一個讓我們終身都非常敬佩甚至崇拜的長輩。不同的是，他有一個超級的「阿嬤」，我呢？則有一位了不起的「母親」。

而讓我最感欣慰的是，由於島田洋七的一系列超級阿嬤作品，以及後來拍成的電影，它們著實刺激了我為母親也寫一本書的決心（之前只寫過幾篇相關的散文）。沒想到，欲罷不能，寫完一本之後又一本，居然也寫到了今天的這第三本。坦白說，這都要拜島田洋七之賜，沒有他的話，我這三本書是不會出現在讀者們面前的。

在他的《阿嬤，我要打棒球！》一書中，曾有提到他與母親間的母子情深，也令我頗為感動的。此外，島田洋七也寫了〈媽媽，我好想妳〉這本懷念他母親的大作。在這兩本書中，當然有著不少他與母親之間，非常感人的情節與對話。

例如：「能多一分一秒和媽媽在一起，比什麼都重要」、「和媽媽分開時，我要坐普通車，慢慢地，一站一站離開」、「但是最讓我覺得開心的，就是現在每天都能見到媽媽」……。

這些有關母子情深的描述，既簡單又平實，但，卻句句扣人心弦。讀完之後，常令我的心湖激盪起一陣漣漪，而不由自主地會去聯想及檢視，我自己與母親間的互動關係，是否懂得珍惜？是否確實把握？

即便是——「最讓我覺得開心的，就是現在每天都能見到媽媽」這句話，也能讓我心生觸動、感動不已。因為，母親已百歲高齡，我也早過花甲之年，然而，還能每天見到我最敬愛的老母親。這樣的福氣，不僅難得，而且非常幸運。

好幾回，夜闌人靜之時，每每思及此事，一陣憂喜相交之情由心而起。喜的是，我和老母親的母子情緣何其濃深？因為，我們都已是上了年紀的人了，在她的這麼多子女中，也只有我這個么兒有此榮幸，能夠和她每天朝夕相處，對她晨昏定省。這真的是我的福氣，我由衷地感謝佛菩薩對我如此的恵賜與厚愛。

憂的是，母親已年高百歲，我不知道還會有多少時光，能夠讓我對母親善盡人子的孝道。尤其，我深知歲月無情，日日、月月、年年地飛逝，無論我再怎麼珍惜，如何地把握，但，它卻從不回頭，也絕不等人。

當然我也知道，無論我再怎麼感到不捨與無奈，也無濟於事。而我唯一能做的事，除了珍惜現有的機緣之外，就是好好把握住每一天的時光。我經常提醒自己，千萬別以為錯失了今天，還會有好幾個明天。真的，唯一能夠確實掌握的，只有今天。

坦白說，每個人都該早點體悟到，這些其實是很稀鬆平常的道理——「把握及珍惜每一個當下，因為，母親每一分每一秒都在老邁中」。而如果你真的明白了這個小道理，那麼，就該經常自問：「我花了多少時間在日漸老邁的母親身上？」

相信嗎？這看似不經意的小問題，卻往往讓許多為人子女者感到汗顏。因為，有太多人沒有正視這樣的問題，以為母親永遠不會老，以為時間不會過得那麼快。直到有一天，你猛然覺察時，但，一切卻已經太遲。

早期的我，也曾經疏忽過，但，我醒悟得還不算太晚。因此，得以及時彌補許多對母親應盡的孝道，這是我幸運的地方。而這樣的心得我不忍藏私，特別在此向與我有緣的讀者們呼籲——別吝惜與母親相處的時間。雖然，她或許會對你說：「我很好，別擔心我的事，去忙你們自己的事要緊。」但，這並不代表她真的不需要你的陪伴。

請多想一想，你有多久沒有專程陪伴你母親了？或許，你也曾經多次想好好陪伴她，但，好像每次都被不同的理由給擔誤了。而你若再仔細想想，其實，那些理由都不是理由。也許，是你仗勢著，你認為還有很多時間可以等；或者，你也一廂情願地，認為你的母親還沒有那麼老，因此，你一而再地、習慣性地，每次都拖延與擔誤。

而我幾乎可以斷定，如果你已經養成這種慣性思維的話，有一天，你終究必然會感到遺憾與後悔。

真的，多數某個年紀以上的人，並非每天都能看到母親，甚至，並非能夠經常見到母親。如果，你是個常年在外的遊子，或者，你是一位已嫁出去的女兒，……或是任何其他理由，使得你無法經常看到母親，那麼，我更要懇切地提醒你，及早正視這個問題。

因為，無論我們還能擁有多少時間，一個令人備感無奈的事實是，時間的無情，不僅是日復一日、月復一月、年復一年地飛逝；甚至，它就像沙漏般地，在不知不覺中，從我們的眼前悄然離去。

雖然，我真的比一般人幸運多了，非僅可以經常看到母親，而且，還是每天都能看到她。尤其，我能夠盡我所能地善用時間來孝順她老人家。然而，我還是不免憂心；因為，母親已是百歲高齡，我不知道佛菩薩還會恩賜多久的時光，讓我們得以共處？當然，我每天都在祈禱佛菩薩的保佑與加持。

近日來，我常發現母親在念阿彌陀佛聖號時（她老人家每天的功課），竟然好幾次差點睡著了。我在一旁，她頗有倦意地對我說：

「唉！最近好像體力特別差，才念沒有多久的佛號，就覺得昏昏欲睡，真的是歲月不饒人啊！」

母親向來體力和精神都很不錯，這種現像以前幾乎是少見的，然而，最近卻時而發生。尤其，每當我望著她飯後以四腳助行器，在家中稍做緩步走動時，發現母親的背影愈加老態，而且，更是步履維艱。頓時，我心中的憐憫及不捨之情又油然而生。

雖然我很不情願，但，卻又不得不接受母親年華日漸老去的事實。

我知道我無法讓母親不老，我當然也知道，無法將時光留住。因為，即便是我自己，也已步入了老者之列。這一切的一切，都是自然現象的運行，任何人都無法背離與抗拒這個法則。

換言之，我唯一能做的是，將時間的橫斷面儘量放大。怎麼說呢？我把一天當成兩天用，一個月當成兩個月用，一年當成兩年用……。如果還要細分的話，我把一小時當成兩小時用，一分鐘當成兩分鐘用……。

雖然，「絕對時間」是不變的，但，「相對時間」是可以放大的。如此一來，那種絕對單位時間的價值，相對感覺上就迥然不同了。

怎麼做呢？當下即開始，趕緊撥出更多的時間來陪伴母親。從「很少」探望母親，改成「經常」探望母親。從和母親「有限」的相處時間，增加為能夠與母親「更多」互動的時間。從僅止於「物質」上的取悅，提昇為著重在「精神」及「心靈」上對母親的慰藉。

其實，這些原則不僅「知易」，而且也「行易」。但，許多人就是是做不到。我不諱言地要告訴讀者們，多年來，我一直盡力在做，而且，成效也還算不錯。坦白說，原因無它，因為對這件事，我不僅「有心」，而且也「用心」。尤其，我的內心更是常存此念：

「媽！每天都能看見您，是我最開心的事！」

25 您慈祥的凝視，眼裡滿是疼愛與溫馨

母親是個人緣非常好的傳統婦女，不僅相貌端莊賢淑、和藹可親；而且，她的舉止優雅、謙遜有禮。此外，她更是待人大肚、慷慨好施。這些對她為人處事的形容及讚美之詞，絕非出自我的口中，而是在眾多親朋好友及左鄰右舍間有口皆碑的。事實上，她老人家真的就是一位「人氣王」。

坦白說，大家對她的讚美，我是從小就時有所聞的。即便是今天的她，都已是百歲高齡了，但，她依然還是大家心目中，非常尊敬及很想親近的長者。

我必須大聲地說：「能夠做為她的兒子，真是三生有幸！」而這也是為何，我經常稱她是「我阿堯一生的導師，永遠的母親」最主要的原因。

無論週遭的人怎麼看，或是如何想？母親在我心目中，她之於我的偉大及影響，

實在是筆墨所難以形容。否則，我怎會稱她是我「一生的導師及永遠的母親」呢？

而說實話，我有個不小的缺點，向來自視不低，甚至有些貢高我慢的心態。多年來，一直都未能好好的改掉這個壞毛病。坦白說，週遭的人中，在德行及涵養上能夠讓我心服口服的，真的也是不多。而母親，她老人家在我心目中，則是極少數人中的第一人。

每當我故態復萌，又冥頑不靈的時候，幾乎沒有人勸得動我。此時，也只有母親她老人家，能夠讓我激動的心緒逐漸的平和下來，而願意傾聽她的善語；並順從她的規勸。

有時候，剛開始我也不是那麼容易地就範。不馴之言或常見的反彈之舉，也是在所難免。然而，母親總是能夠耐住性子來勸導我。偶爾，即使我無理頭的對她有些不敬的言辭，但，她幾乎可以心平氣和地與我對話而不動怒。她的寬宏與大量，每每令我不由得自慚形穢。

而也就是她的寬宏與大量，才能夠讓我對她心服口服，心甘情願地接受她老人家的勸化。她之於我的形象，就如同是慈悲為懷的觀世音菩薩，而我正如同菩薩跟前的弟子，隨時仰盼著她老人家的諄諄教誨。

事實上，她對我的循循善誘，根本不需要長篇大論的說教。因為，長年以來，她的身教遠勝於言教。通常，她只要心平氣和並點到為止的傳達幾個重點給我；然後，很有耐心地等待著我的自省。最後，我總是會順從於她的導正與教化。

坦白說，母親至今依然是對我最具影響力的人。除了她令我敬佩萬分的言教與身教之外，光是看著她的慈眉善目以及和藹可親的容顏，就足以讓我冥頑的心緒為之安穩下來，不再自以為是，而願意接受她的教誨與關愛。

尤其，她老人家經常對我慈祥的凝視，眼神裡充滿著掩不住的疼惜之意，以及無盡的溫馨之感，更是令我無法不深受感動，感動於她對我一輩子無怨無悔的關懷。即便是此刻百歲高齡的她，其實體力上已無法付出行動，但，那極為慈祥眼神的深處，反而釋放出更多來自老母親的慈悲關愛。

我想，那就是牴犢情深的天性展現，一點也不做作，渾之天成，而令我更覺得母愛之浩瀚無垠。

我想，那更是母親她老人家對我永恆不斷、亙久不減的母愛付出。她那無私的慈悲，是我終身難以回報的恩澤。

「阿堯！過來我這兒，讓阿彌陀佛來為你加持，保佑你的肝功能趕快痊癒。」

我回應母親的叫喚，走近她的身旁。隨即，她將整理就緒的唸珠，往我身上肝藏的部位輕拂幾下，同時，嘴裡念念有詞地為我祈禱了一番。內容不外乎，祈求阿彌陀佛神力的加持，能夠醫治好我的慢性肝炎。

我本身患有B型肝炎，近年來肝指數有偏高的現象。雖然我非常用心地醫治與保養，但，還是無法澈底醫好這個毛病。由於我向來身體健朗，卻在稍有年紀的此時有此病症，因此，母親非常擔心及關心我的健康。

她每天都會隨著華藏衛視敬頌佛號（阿彌陀佛），除了週六及週日（只有早上一次）之外，每天有兩次念佛號的時間，她已把此項視為每天例行的功課，而且非常虔誠與持續有恆。除非有特殊因素，否則儘量不荒廢。

令我感動及感激的是，她每次頌完佛號之後，只要我在身旁，她老人家定會如前所述的將佛號的功德迴向給我。而即使我不在家或不方便時，她也會以她的方式祈求阿彌陀佛，請祂加持及保佑我身體的健康。

母親就是如此的慈祥與慈悲，而且，她的慈悲不僅止於對我及所有兒女與家人。甚至，對已在她身旁照顧將近十年左右的外傭Leta也是如此（這部分在前兩本專書中已描述不少）。坦白說，她是一位愛屋及烏的寬懷長者，經常為了愛護他人而委曲了自己也在所不惜。

就以近期發生的事件為例。前些日子，母親為了讓Leta多些休息時間，特意要她利用母親在頌佛號午課時段，先去小睡片刻。詎料，母親頌完佛號時，Leta或許太累而尚未起來，母親不忍叫醒她，逕自從輪椅起來想獨力走向臥室。結果，竟然跌倒在客廳的長條木椅上，而一時無法動彈。

還好Leta反應靈敏，聽到碰然一聲隨即驚醒，火速趕去扶起母親並妥善予以緊急照顧。所幸，感謝佛菩薩保佑與加持，一時受到驚嚇的母親幸無大礙。

我當然知道，會發生這種意外，主要原因是母親為了疼惜Leta，希望讓她多休息而不忍叫醒她所造成的。其實，我早在輪椅的把手上，裝設了一個無線電鈴，以方便母親在需要任何協助時，可以隨時按鈕。但，她生性慈悲為懷、體貼他人。發生此事，我真的也不忍心再責怪她老人家了。

更令我不得不佩服的是，母親居然要Leta別讓我知道此事。除了怕我擔心之外，她也怕我怪罪Leta，更怕我生氣。因為，我早已多次並經常提醒母親，絕對不可以獨自做一些自己無力承擔的事，而一定要按鈕請家人協助才好。

她每次都答應我說好，但，卻經常未能信守承諾，我也常為此生她老人家的氣。

因為，這些年來她的體力與精神真的是大不如從前了。為了她的安全起見，類似此事，我對她老人家的要求都會特別嚴謹，也是情非得已之事。

這次母親摔得其實是非常嚴重的，她自己也都非常驚嚇，因為，從來沒發生過無法動彈的情形。因此，連Leta都嚇到了，不敢隱瞞事實，而趕緊向我報告。還好，只是一些皮肉小傷。佛菩薩對母親的保佑及加持，我真是太感恩了。

因此，這次我也完全一改以往的不當脾氣，以心平氣和的態度去面對母親。我深知，她摔倒之後也很憂心我若知道的話，一定會責怪她，為何再次未守承諾。說實話，那天我才踏入家門，第一眼看到她老人家時，就已覺察到有些異狀了。

現在回想起，當時母親的神情落寞，一付心中有事的樣子。尤其，她的眼神中流露出幾許惆悵與憂心，愈發令我感到於心不忍。天啊！我怎麼捨得讓母親承受如此沈重的壓力呢？

於是，趕緊心念一轉，我假裝不知情，並私下要求Leta利用我不在母親面前時，先告訴她老人家，我已獲知她摔倒之事，但，我不會責怪她，請她放心。然後，我又另找適當的時間，親自慰問她老人家，並為她擦藥與換藥。好不容易，幾天下來，她才驚魂甫定，而漸漸恢復了她原有的精神與風采。

「阿堯！很抱歉！又讓你擔心了。是我的不對，下次我不會再犯同樣的錯誤了。也謝謝你這次沒有責怪我，而能夠心平氣地面對我，我非常高興，你進步了！」

她老人家不說還好，說了，更讓我慚愧萬分。做為兒子的我，母親都摔倒了，即便是她的疏忽，我也沒有任何理由可以去責怪她。這點，我該好好的自我檢討，並銘記在心才對！

無論如何，這件事對我而言，絕對是正面的影響與啟示，因為，它把我不當脾氣的舊習匡正了許多。說實話，母親就像一位佛菩薩般地，隨時藉機在感化著我。而每一個事件的背後，都有著母親的美意。經常，我望著她那充滿慈悲的容顏時，內心就不由自由的想對她說：

「媽！您慈祥的凝視，眼裡滿是疼愛與溫馨。」

母親與家人同遊的珍貴舊照

早期母親與家人同遊之珍貴舊照

母親與家人同遊之珍貴舊照

昔日母親與家人同遊之珍貴舊照

彥希及彥廷最喜歡吃阿嬤包的粽子了

多年前母親和父親及我的全家福合照

▍多年前母親與我家人三代同遊北歐四國及俄羅斯

▍多年前三代同遊北歐及俄羅斯，在芬蘭Rovaniemi（聖誕老人村）與聖誕老人合影的全家福照

多年前全家三代同遊北歐及俄羅斯，母親與妻照瑩在大冰河前留影

褚家兒孫們最喜歡吃昔日母親親手包的粽子

母親與我和妻照瑩於碧絡角留影

母親與彥希和彥廷於碧絡角留影

母親攝於南庄之碧絡角花園

多年前母親與我們全家福在台北101大樓大廳合影

多年前帶母親參觀台北101大廈，
妻照瑩與母親合影於大廈前

母親和我全家福在獅頭山藤坪山莊用餐（餐桌是母親年輕時的家俱）

彥廷清大研究所畢業時，闔家留影

▌彥廷入伍受訓時，闔家在營區留影

▌女兒文定時，母親與我及妻照瑩攝於家中客廳

母親與我合影於家中客廳（女兒彥希文定時）

我與母親攝於家中客廳（女兒彥希文定時）（前面趴著Hocky）

▌母親與彥希、彥廷、Leta等攝於大溪老街

▌母親在餐廳高興地切著我們為她準備的生日蛋糕

▌母親和我全家福攝於竹北水月拙木餐廳（四代同堂）

▌母親和我全家福攝於竹北水月拙木餐廳室外花園

母親在竹北水月拙木餐廳與寶貝外孫愷愷玩

母親與家人坐在大廈樓下花檯曬太陽

母親陪妻照瑩及外孫愷愷於東園國小操場玩耍

母親與妻照瑩及Leta和Kiwi於大廈樓下所屬公園合影

母親與我及愷愷合影於
靜心湖畔步道

母親陪同外曾孫愷愷在東園國小校園玩

▍母親慈祥地望著彥希的寶貝愷愷

▍陪同母親去竹北月子中心，探望彥廷夫婦及寶貝曾孫展展

▍昔時母親與外曾孫愷愷在客廳玩耍

母親與我、妻照瑩和愷愷攝於台北彥希家

母親盛裝準備參加在天竹園餐廳舉辦的家宴（她做東）

母親心疼外曾孫愷愷被大人罵，慈祥耐心地安慰著他

母親與心愛的外曾長孫愷愷攝於家中客廳

母親與我及家人共享除夕夜之團圓飯

▌母親送紅包祝賀心愛的內曾孫展展滿月之慶

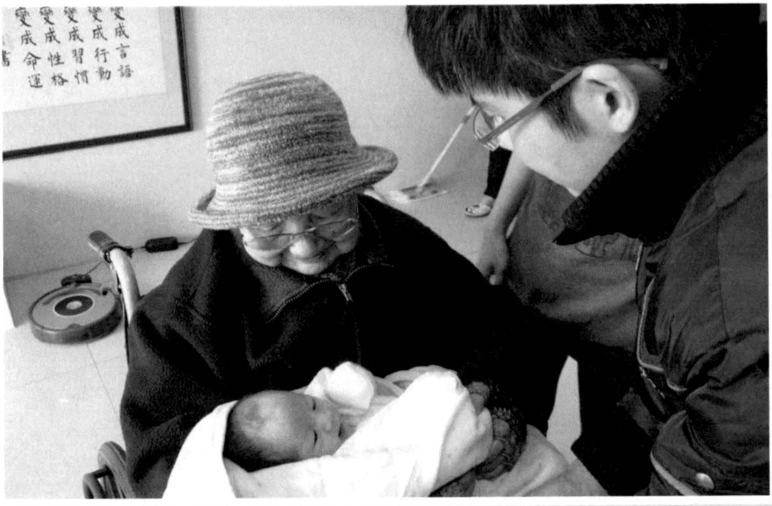

▌專程陪同母親至彥廷家，探望寶貝曾孫展展

母親與她的寶貝內曾孫展展合影（四代同堂）

母親於彥希家客廳，與心愛的外曾長孫愷愷合影

母親在彥希家與兩位寶貝外曾孫愷愷及樂樂合影（四代同堂）

過年時，子孫們來家中探望母親（四代同堂）

我、妻照瑩及家人以蛋糕為母親慶生

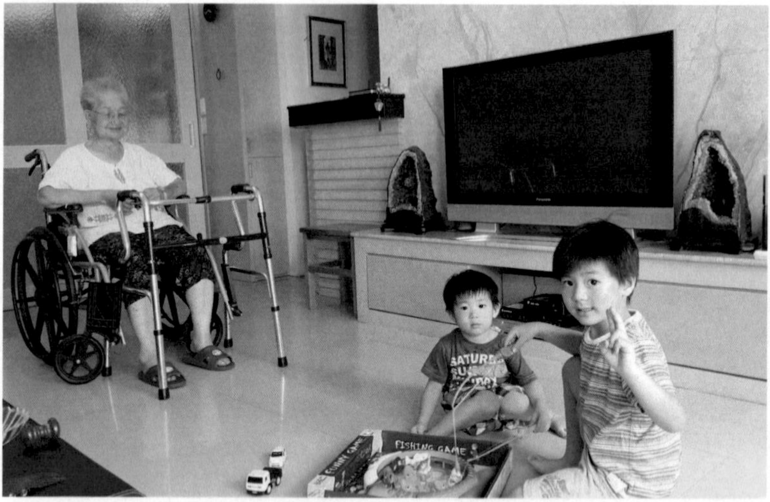

母親陪兩位心愛的外曾孫愷愷與樂樂，在家中客廳玩耍

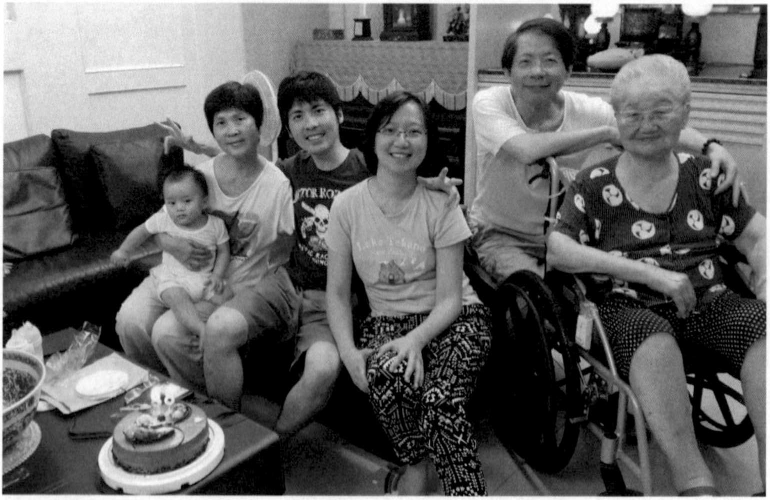

母親與我全家福攝於家中客廳（四代同堂）

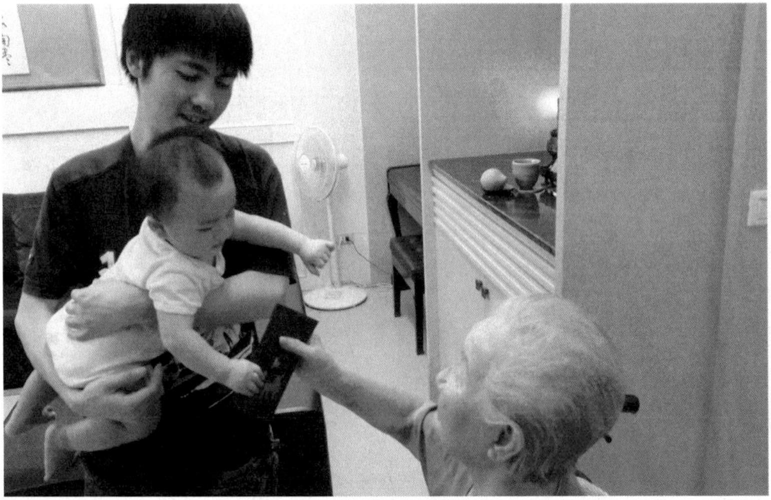

母親給心愛的內曾孫展展紅包

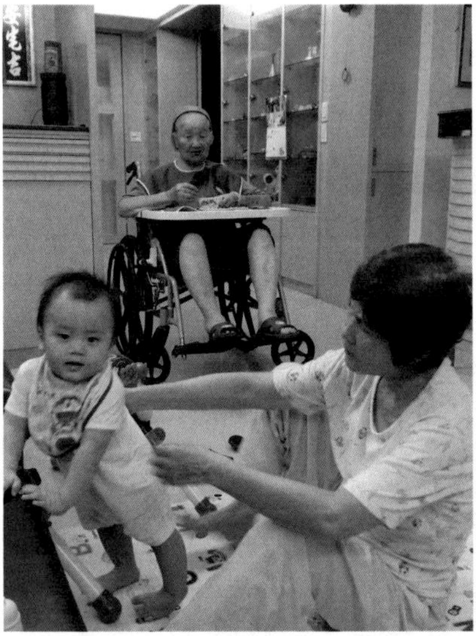

母親一面用晚餐，一面不忘看著寶貝曾孫展展玩耍

▌母親與我的家人團聚於家中客廳（四代同堂）

▌母親於家中客廳，喜見心愛的內孫、孫媳及內曾孫展展於地毯上玩耍

母親送紅包祝賀心愛的內曾孫展展周歲之慶

多年前我的生日，母親與家人為我慶生

第四篇

母親，請您慢慢老

不知何故？最近我總是憂心那無情的歲月，它頭也不回地一天一天飛逝。尤其，一想到母親她老人家都已是百歲高齡了，我更是無時無刻地警惕自己，要非常珍惜及把握住能與母親共處的時光。對我而言，和她在一起的每一年、每一月、每一天，甚至每一分、每一秒，都顯得要比往常更為彌足珍貴。

雖然，如今我也是已過花甲之年的老者了，然而，在老母親的面前，卻依然有著「再老，還是母親的小小孩」的赤子之心，以及做為人子對母親的孺慕之情。尤其，每當夜闌人靜之時，內心深處更不由得湧現出如下的心情與心境，而祈求佛菩薩的慈悲保佑與願力加持，讓母親她老人家能夠健健康康地並慢慢地老：

＊「我永遠是您眼中孩兒，需要您的關懷」

＊「當我最感艱困無助時，您是我的支柱」

＊「我的壞脾氣，仍需要您的感化與引度」

＊「您是這世上，唯一不會生我氣的人」

＊「您也是這世上，唯一能夠無條件包容我的人」

＊「和您一起的點點滴滴，永遠令我懷念不已」

＊「請您慢慢的老，讓我能夠孝順您更久」

尤其是最後一句「請您慢慢的老，讓我能夠孝順您更久」，更是我的肺腑之言。易言之，無論前面陳述了多少在我內心深處，對母親她老人家的諸多坦誠及企盼的孺慕之情，但，總歸一句內心的最大願望還是，祈求我這位可敬又可愛的老母親能夠慢慢地老，讓我得以有更多的時間來好好孝順她老人家。

26 我永遠是您眼中孩兒，需要您的關懷

有一首被廣為流傳的歌曲《世上只有媽媽好》，詞曲都很淺顯，而且容易哼唱，歌詞如下：

「世上只有媽媽好，有媽的孩子像塊寶，投進媽媽的懷抱，幸福享不了。世上只有媽媽好，沒媽的孩子像根草，離開媽媽的懷抱，幸福那裡找？……」

雖只是一首兒歌的簡單內容，但，詞意卻是扣人心弦的。尤其是「有媽的孩子像塊寶」與「沒媽的孩子像根草」這兩句，同樣是身為孩子，但，其待遇卻是天壤之別。

一個是「像塊『寶』」，另一個卻是「像根『草』」。為何差距如此之大？關鍵只在於，一個是「有媽的孩子」，另一個則是「沒媽的孩子」。就這麼簡單的差別而已，但，以後的命運卻是大不同。

說真的，媽媽的懷抱是無價之寶，它與家中是否富裕或貧窮無關。因為，媽媽的懷抱是慈祥的、是溫馨的、是個避風港……是用錢買不到的。我完全認同歌中所言：

「投進媽媽的懷抱，幸福享不了。……離開媽媽的懷抱，幸福那裡找？……」

我想，多數人都應該有如下的經驗。孩提時，每當我們生活中遇到挫折或不如意時，只要投進媽媽的懷抱裡，讓媽媽哄一哄、撫一撫之後，心中即使再大的委曲，也就很快地雲消霧散了。母親對孩子的這項神奇力量，可說是無人可以取代的。

正如我文中常會提到的，至今，我仍然記得孩提時的仲夏午後，總喜歡依偎在母親懷中午睡。母親因家務繁重又勞累，每每很快就入睡了。我不敢打擾她，靜靜地望著母親漂亮又氣質的臉龐，沒有多久也跟著睡著了。

在睡夢中，突然一絲涼風拂來，是來自母親邊睡邊搧的風。台灣的仲夏酷暑異常，甭說冷氣了，我們窮人家連個電風扇也沒有。熱了，也只能靠紙扇來取涼。母親一定是見我汗流夾背，雖然自己早已累壞了，卻還要心疼我，為我搧風。

說來慚愧，每次的午休我都比她充足。因為，每當我從炙熱中醒來時，母親早就不在身旁。可想而知，她又去忙著做不完的家事了。

這些種種，雖已是半世紀前的往事，然而此刻想起，卻好像才是昨天發生似的。

母親秀美的容顏、馨逸的體香、溫暖的懷抱，在我稚幼的童心裡，都是一種不僅慈祥、溫馨、幸福，而且又安全的保障。

而這確實也呼應了前首兒歌詞中的：「有媽的孩子像塊寶，投進媽媽的懷抱，幸福享不了。」

這些感受、這些體驗，多數人和我都有如此的經歷。然而，隨著年紀漸長，我們逐日淡忘了母親對我們的恩澤。尤其，在我們成家立業之後，更是輕易地忽略或抹煞了母親在我們心中，其實是不可磨滅的重要地位。

雖然，我們或許並不是刻意如此，但，往往在不經意或在不知不覺中，卻落入那樣的情境而猶不自覺。試問，這對那位於我們恩情如浩瀚之海的母親，是何其不公？又是何等傷透其心呢？

然而，母親就是母親，即便是如此委曲，她終究也不會與你計較。只要你一天還是她的孩子，她會永遠地愛著你、疼惜你。易言之，你會是她永遠的寶貝。慚愧啊！她待我們是如此無私、無怨、無悔的母愛，而我們又是如何地回報於她呢？

且不管你已是多大年紀，想一想，至今，你只要有挫折、憂慮、煩惱、委曲、……或是任何不如意之事，一時間又找不到適當的人傾訴時（甚至，有時連自己的配偶或伴侶也不方便時），誰會是你最想要找的人呢？——當然是母親了！

雖然，我們都會隨著歲月的飀逝，而逐漸年華老去；當然，母親必然也會比我們更老。但，在母親的跟前，她看到的我們，依然只是個孩子；不同的是，一個更老的孩子而已。

以我自已為例，母親已是百歲高齡，我則也年過花甲之年。甭說母親是個耆老，就算是我，膝下也已有一個內孫及兩個外孫，不能說不老了。然而，已是「公」字輩的我，對母親而言，她永遠不覺得我老；她老人家在看我時，我永遠還是個孩子。

因此，至今她老人家對我的關愛與疼惜，不僅沒有因為時間的飛逝而減低，那種母愛永續不斷、不求回報的付出，反而隨著她的高齡而更加慈悲與濃郁。坦白說，那種無以名狀的感受，真的已經超出了我的筆墨所能形容的能力。

人間或許不乏許多不同的「愛」，有夫妻之愛，朋友之愛、手足之愛、同僚之愛、同窗之愛、異性之愛……，也或許不乏令人感動之處。但，絕對都不及於母親對孩子的愛來得偉大。因為，母愛的付出源自天性，是無所求的，而光是「無所求」，便是一種至愛，是前述幾種不同性質的愛所無法淩駕其上的。

我不敢說我的觀念一定正確，但，至少我的價值觀便是如此。因此，我對母親之於我永不止息的舐犢之愛，不僅永遠感動，更是永遠感激。

也就是因為對母親之於我的愛，心生感動、心存感激，因此，我無時無刻都在想，要及時報孝母恩。尤其，母親她已是百歲高齡了。為此，多年來，我不僅「有心」，而且也很「用心」地去做為母盡孝的事。發覺，這麼做，自己在身心靈上也提昇了不少精進。

真的，能夠有心並用心地去孝順母親，不僅達成了反哺之恩的孝舉；其實，最大的受惠者，終究還是自己。

可不是嗎？「百善孝為先」這句老生常談之語，它雖是淺顯易懂，但，世風日下，人心不古，在今天功利主義的社會，又有都少人真正做到？人性之每況愈下，真的是不得不令人憂心！

坦白說，世間最難報答的恩情就是父母恩，尤其是母親的浩瀚大恩。如果，我們能夠以感恩的心去「孝順」母親，以反哺的心去「孝養」母親。姑且不論成效的高低，但，至少你是「有心」的，而且，你也已盡力「用心」了。如此，便可說是盡孝了。

而一個盡孝的人子，他一定是個良善的人，因為，「百『善』『孝』為先」嘛！

而正如前文我說的，能夠有心及用心去盡孝的人，自己終歸還是最大的受惠者。

怎麼說呢？你的最大受惠便是，你已經被歸屬於「善」類了。說實話，那不是件太容易的事，尤其，要做為一個孝子，真的不是件容易的事。你做到了，那代表你在很多方面的修行及涵養，是端正與俱足的，而這也是你這一生中最大的受惠。

我真的不敢說自己在這方面做得如何如何，而我唯一敢說的只是，這些年來，我對報孝母恩之事，確實是不遺餘力的。

而我發覺，我愈是「有心」與「用心」的話，我的心靈愈是感到莫名的富饒與溫馨。這樣的心得與感悟，我不敢藏私，在此特別加以描述，希望與我有緣的讀者們分享之。

寫到此，我要拉回來主題。許多讀者問我，究竟是什麼動機與動力，讓我有此高度意願，想以母親為主題繼續寫作呢？說實話，這年頭，能夠為母親一連寫三本專書的，恐怕也是不多見吧？

那麼，是什麼動機與動力呢？簡單的說，是「母愛」與「愛母」使然。「母愛」是天性的展現，而「愛母」當然也是天性的展現。換言之，無論是「母愛」或「愛母」，都是「天性」、都是「渾之天成」。

而我為母盡孝，純乎天性；為母寫作，也是渾之天成。不假造作，只是想把自己多年來所做的事實，以及內心所想的思緒，藉著拙筆據實地寫出來而已。寫書的目的，全然不是為了稿費或版稅，只求留傳給自家子孫後代，以及一些有緣的讀者們，藉此互相勉勵，並齊力致力於孝道之推廣。

尤其，每每想到歲月的無情，日子一天一天的飛逝。老母親都已是百歲高齡了，我必須非常珍惜地把握住，能夠與母親共處的時光。對我而言，和她在一起的每一年、每一季、每一月、每一天，甚至，每一時、每一分、每一秒，都變得比往常來得更為珍貴。

因為，這些日子以來，不知何故，我愈發覺得自己「再老，還是母親的小小孩」，心中，更是不時地想對母親她老人家告白：

「媽！我永遠是您眼中孩兒，需要您的關懷。」

27 當我最感艱困無助時，您是我的支柱

從小，家中相當的貧窮，在親戚裡以及左鄰右舍中，絕對是數一數二的。而對於一個窮家小孩來說，平時沒什麼可以令人稱羨的，如果有的話，也只有在讀書上得到高分，或聯考時考上名校，才有出人頭地、榮耀自己以及父母的機會。

為此，當年褚家的小孩，我的兄弟姊妹們，個個在讀書這方面，都表現得很不錯。當然，我也不例外。

「阿堯！你一定要好好用功讀書，將來才會有出人頭地的一天。」

至今，我依然記得小學一年級開學的第一天，母親就既慈祥又嚴肅的囑咐我這樣的話。

「媽！您放心！我一定會聽您的話，努力用功讀書，不會讓您失望的。」

窮人家小孩總是相對早熟及懂事，別看我小小年紀，我不是在虛應她，我可是認真的。因為，在當時我就已懂得：就一位窮家小學生來說，做個用功又乖巧的好學生，或許是慰藉母親唯一及最具體的方式吧！

日後，我確實沒有辜負母親的期待，小學的六年裡，我一直是名列前茅及品學兼優的好學生。尤其畢業時，我還是新竹國小所有畢業生中，以最高成績考上當時的「縣立新竹一中」（今天的「建華國中」），同時，也擁有「榜眼」的殊榮。

自此，從初中到高中，無論是學業或品性方面，我都堪稱旁人誇讚的好學生、好青年。就這樣，一路從新竹國小、新竹一中、新竹高中、台灣大學，以及後來的碩士、博士生涯，幾乎沒有讓母親有過不必要的擔心。

「阿堯！前途是自己的，為自己用功讀書吧！」

我一直把母親對我類似這樣的話，很認真的當做一回事。而為了實現兒時對她的承諾，我總是把心思放在課業上。一路走來，也確實都考上了一流學府，而且名列前茅。甚至，在大學畢業的那年暑假，我就很順利的考取難度頗高的「企業管理人員」高考資格證書。

即使，踏入社會後的職業生涯，無論是在學術界或企業界的發展上，也都算是順利的。回顧這些種種的順暢，除了要感恩於佛菩薩賜予我的福報與加持之外；坦白說，我也要由衷地感謝母親，感謝她從小到大對我睿智的引導，以及無怨無悔的養育與教誨。坦白說，如果沒有她長期無私的母愛，就沒有今天的我。

我談了這些平順歷程，絲毫沒有凸顯或誇示自己的意思。事實上，我反而是想強調，雖然乍看之下，無論是學業或事業都尚稱不錯的我，其實，在生命的旅程中以及生活的大海裡，不免也會有著一些不順暢以及失意的地方。

畢竟，「生命無常」以及「生活多變」是人生中，無法抗拒且必須面對的一大課題。很少人能夠自始至終都是一帆風順的，易言之，沒有困頓或挫折的經歷，那幾乎是不可能的，最多也只是程度輕重或多寡的不同而已。

現實人生就是如此，而且，要克服人生的這一大課題，顯然不是件輕易的事。也因為不容易，它正是每一個人，這一生中的最大功課。我把這個功課用白話文告訴自己：

「在『生命無常』以及『生活多變』的人生終點時，回首一望，能有『輕舟已過萬重山』的灑脫與恬靜。」

這真的太不容易了，因為，功利主義的社會已把人生的功課誤導成「名」與

「利」為主的價值觀。可悲的是，太多人的一生為名利而奔波，也為名利所苦。甚至，不少其實已經獲得名或利的人，卻覺得生活還是不快樂。

顯然，問題不在名也不在利，那麼，問題究竟在那？早期的我，也是這類型的人；或許有些小聰明，但，卻缺乏大智慧。說實話，要能夠像一葉輕舟般地渡過人生的萬重山，只有小聰明是不夠的，而非得要有超凡的睿智不可。

所幸，我比一般人幸運，因為，我有著一位既聰敏又睿智的母親。這一生，我在她的身教與言教之下，長年的耳濡目染，讓我在待人、處事、及心靈方面的涵養獲益無窮。尤其，母親以身作則的身教，對我更是影響深遠。

就拿她的身世為例，母親家學淵源，其父（我的外祖父）為清末秀才。雖然從小她就是個遺腹女，而且，因為家貧而歷經了兩個家庭的養女歲月，然而，她卻從不怨天也不尤人。成年之後嫁給了父親，不幸的是家道一貧如洗，十個子女又先後出生。

可想而知，當年家計的負擔定然沈重無比。然而，一介弱女子的母親，卻能夠咬緊牙關、隨緣任命，憑著她令人敬佩的堅強與毅力，以及異於常人的聰慧與靈敏，終於振興了褚家的家運。我必須說，如果沒有母親的話，就不會有今天的褚家。

這段陳年憶往，雖然此處只用三言兩語簡單地帶過，事實上，這其中有著太多有

關母親她老人家，令我極為敬佩的生活智慧與生命哲學。（我在前兩本為母親而寫的專書中有深入描述）

坦白說，這些智慧與哲學，都是母親她老人家在艱辛歲月中親身淬煉而來的，對我，更是活生生的教材與寶貴傳承。

而拜母親這些難得的人生智慧與哲學所賜，尤其當我年紀尚輕，在面對多變的生活以及無常的生命時，從中獲得了非常大的助力，而得以及早脫離困境，並從挫折中趕緊站立起來。我想，這應該也是早期的我，在學業與事業方面可以較一般人順暢的原因之一吧！

我真的非常感激母親，這一生她在多方面對我的身教與言教。不諱言地說，雖然我還算夠聰明，但，聰明的人不保證一定順利成長與發展。而幸運的我，有這樣的慈母與賢母一路護持著我。我經常這麼想，如果沒有這樣的一位母親，我會是怎樣的一個人？

坦白說，我其實很怕往這方面想。因為，人生是一門無止境的學習之旅，有太多的功課要學，有太多的學分要修。而我，非常需要一位睿智又靈敏的導師來護持我。

回想我自己的生命歷程，從幼年、少年、青年、成年、壯年到如今老矣，這一路走來，除了妻子與兒女之外，母親也都在身旁，他們陪我走過了人生無數的甘與苦、歡與悲。

尤其是，每當我身陷艱苦與悲愁的圍城中時，家人當然是個非常好的依靠與慰藉。但，能夠幫助我很快地自圍城中脫困而出，以及從愁雲中再見大日的，還是我的母親。因為，她老人家太清楚這個么兒的根性了，也非常明瞭我的優缺點，更知道該怎麼樣來引導我。

母親她，就是我的上師，是我阿堯一生的導師。

然而，只要一想到母親如今已百歲高齡，內心就不由得一陣莫名心緒激盪而起。雖然，我的年紀也已老到為人爺爺與外公了，但，自己很清楚，做人不夠圓融的地方仍然很多，處事欠缺智慧之處也仍然不少。

換句話說，再老，我還是需要母親做為我的上師；再老，我還是需要母親做為我的導師。因為，我知道，她老人家是真正能夠無怨無悔地愛我的人，也是這世上唯一能夠對我承受無限耐性的人。

回顧我的一生，由於自小家徒四壁，在物質及經濟條件上總是不如人，因此，很早就懂得要努力不懈、力爭上游，才能夠出人頭地、光耀門楣。而後來也證明了，褚家的孩子在母親的諄諄教誨之下，無論是學業及事業方面的表現，也都還算不錯。

然而，個性好強的我，也不免有些自視太高而不服輸的毛病。這樣的缺點，造成了我在面對超過自己能力的困境時，很容易受挫，而且，很明顯地降低了控制自己脾氣的能力。

「阿堯！你對我的至孝，我很感激；你的為人處事，也真的是可圈可點。然而，你的脾氣，真是讓我好擔心！」

「你都做得這麼好了，為何不能也把脾氣改好些呢？如果你能夠痛下決心做到的話，你的格局與胸襟將會提昇到更高的境界。」

母親總是既慈悲又耐心地想要度化我，說實話，除了母親之外，幾乎沒有人能夠讓我這一顆頑石輕易點頭。真的，我由衷地感謝她長期以來，一直對我無始無邊苦口婆心的教誨。

我深知自己還有好多的劣根性仍待改善，也清楚未來仍然會面對許多疑惑與窘境，因此，我除了祈求佛菩薩能夠為母親保佑與加持之外，也懇請母親要多加保重，慢慢地老。因為：

「當我最感艱困無助時，媽！您是我永遠的支柱。」

28 我的壞脾氣，仍需要您的感化與引度

雖然前文中已談過脾氣相關之事，但，這兒我還想再談些。因為，脾氣這事，一直是我的罩門，也是我這一生的功課之一。也許，它對某些人而言，可能是一門簡單的科目，然而，對我而言，似乎是難度較高。

「阿堯！我能說說你脾氣的不當嗎？你會生氣嗎？」

我真的好慚愧，母親想講講我的不是之處，卻還得如此地客氣，我的修養一定是真的有問題。

對始終關心及疼惜我的母親而言，我在脾氣上的不當表現，包括：自大、自負、自命不凡、自以為是、不太聽勸、以及耐性不足……等多項習性上的缺失。

「阿堯！坦白說，你其實是個非常有孝心、善良，又肯處處為人著想的人。不僅

為這個家族，也為週遭的外人做了不少好事。然而，如果你經常用不好的脾氣待人，那麼，之前所做過的那些善舉，也會被減低很多折扣的。」

其實，我也非常認同佛門諺語常講的「一念瞋心起，火燒功德林」、「一念瞋心起，百萬障門開」。這些哲理，我經常念誦也奉為圭臬，但，念歸念、懂歸懂，結果可也真是不太容易做到。好幾次，一犯再犯、一錯再錯。

「阿堯，你是個聰明人，一定聽過也明白『一粒老鼠屎，壞了一鍋粥』的淺顯道理。媽希望你能儘快澈底改善你不好的脾氣，讓你的胸襟與格局提昇到更高的境界。」

「聽我的話，如果你能夠做到的話，那才是真正的孝順我，也是送給我的最好禮物。」

我能夠不答應她嗎？這個要求一點也不過份。所謂「孝順」，既然要對她老人家盡「孝」，就要「順」她，這似乎本來就是個最基本該做的事。然而，真的不是一件容易事。雖然我做了不少努力，但，卻偶爾還是會再犯。

就拿近期發生的事來說，我真該引以為鑒。

某一天早晨，上班前，我例行性囑付外傭Leta，要她特別留心照顧母親，別讓她自己離開輪椅起來走動（因母親行動不是很俐落，無人在旁協助她的話，是頗危險的）。

沒想到Leta告訴我，當天清晨她們正準備出發至交大校園散步前，母親利用Leta忙著收拾時，又逕自徒手（未拿助行器）離開輪椅，獨自走到廚房去拿餐巾紙，而沒有事先告知Leta來協助。（類似此事近來較常發生，其實是滿危險的）

雖然只是件日常小事，但，我聽了之後卻為之生氣，沒有控制好自己的脾氣，竟然數落了母親一番。而且，語氣及聲音由小漸大，惹得她老人家既難過又傷心，甚至，眼角泛出了幾滴淚水。之後，善良的母親為了儘快平息我的怒氣，還主動地向我道歉，要我趕快去上班。

「阿堯，是我的不對，我不該沒有遵守答應過你的承諾，又獨自一個人起來走路，害你擔心了。對不起！下次我不會再犯了。」

天啊！我何其不孝？竟然讓我最深愛與最敬佩的母親，說出了如此委曲、謙下卻又何其善良、慈悲的智慧之語。從這兒，就可看出母親她老人家的心量是何等的寬廣？而且，為人處事又是何等的睿智？

因為，她老人家大可利用母親的權威，好好的訓我一頓。畢竟，無論再有什麼正當的理由，我還是難逃「以下犯上」的嚴重過失。別忘了——我是兒子，而她，是我永遠敬愛的母親。

雖然，母親或許也有她疏失的地方（才發生在半個月前，就是因為她沒有要求家人的協助，徒手離開輪椅，想要獨力完成自己想做的事，因而摔了一大跤。還好，佛菩薩保佑她，幸無大礙，而只有些微的皮肉小傷。）

由於我深知，高齡長者最忌諱跌倒，一定要避免發生，否則會導致許多後遺症。不僅醫生特別囑付，許多有經驗的看護也都再三叮嚀。為此，我也經常要求Leta一定要非常小心照顧，同時，也一再請求母親她老人家能夠好好地配合。

然而，母親口頭上雖是同意了，但，好幾回都未能遵守承諾，而逕自去做她認為自己還能勝任的事。當然，她一定會小心翼翼地，而的確也多半都沒有問題發生。可是，有幾次的小狀況，以及半個月前的大摔跤，都讓我非常擔憂她的安全。也因為之前發生過這些事例，才會讓我忍不住對她有些不敬之處。

我當然明白，母親會那麼做的動機與心意，無非是想證明自己還有能力，去處理那些過去原本就輕易可做的小事，而非常不情願去接受，自己已經逐漸失去這種能力的事實。這點，如果將心比心，我完全能夠體諒她老人家內心的無奈。

然而，內心再怎麼無奈與矛盾，真的也不得不面對現實。畢竟，母親已是高齡百歲的長者了，必須接受歲月催人老的事實。尤其，體能的日漸弱化與反應的逐日遲緩，都是自然的現象。為今之計，身體的安全維護，才是必須重視的首要之務。

「阿堯！我真的已經老到凡事都必須仰賴別人不可的地步了嗎？去年這個時候，我還能自己做一些事呢！」

對於一輩子都習慣於獨立自主、靈敏又能幹的母親而言，我真的能夠體諒她老人家的心境。尤其，向來都是她在照顧與服務別人，如今卻倒反過來，很多細瑣小事，她都需要別人的協助與照顧。關於此點，我真的要感同深受，我真的不能怪她呢！

也因為這些無奈與矛盾的心結使然，母親雖然多次答應我不會再犯，但，事實上，她還是陸續地發生類似的事件。尤其是前文所提的那次摔倒事件最為嚴重，真是把我嚇壞了，也急壞了，更是讓我的脾氣也為之失控了。

然而，事後我澈底檢討了自己在態度與行為上的不當之處。雖然母親也有她失宜之處。但，我實在不該過於嚴厲去數落她的不是，而且，在情急之下，竟然惹得她老人家難過萬分，甚至傷心落淚。

還好，當時我覺醒得快，意識到自己實在沒有資格對母親如此不敬。別忘了，我是兒子，而她是我深愛的母親。這世上如果沒有她的話，就不可能有現在的我。甚至，如前所述，這輩子我的點滴成長與成就，全是拜她的諄諄教誨與循循善誘之所賜。而我又豈能忘本？更不能忘恩！

這世上，有不少大成就的人，成功了就自命不凡，總以為是因為自己異於常人的才氣或努力而得來的。平心而論，暫不說母親兒時以來的殷勤教誨如何，就拿「異於常人」此項生命特質，其實也是得自於雙親，如此，又豈能不懷感恩之心呢？

我不是個大成就的人，但，我是個懂得飲水思源的人，也是個知道感恩圖報的人。更何況，母親的浩瀚恩德，不僅「欲報之德，昊天罔極」，而且，真的是「誰言寸草心，報得三春暉」。為此，做為兒子的我，該如何及時報孝母親，更當深思與慎思！

這些思緒，在非常短暫的瞬間，來回奔騰在我的腦海裡，激盪著我的不當迷思，也覺醒了我該有的良知。

一時間，極度的後悔之心油然而生。我趕緊向母親她老人家道歉，不知怎地，兩條腿也自然地下跪，我流下了既後悔又難過的眼淚，懇求母親的原諒。

「媽！請原諒我剛才對您的不敬與不孝，是我的不對，從此我決不再犯，也請您相信我！」

母親見我跪著求她原諒，原本就慈悲為懷的她，心情更是一軟，竟然老淚縱橫地凝視著我，並和藹地對我說：

「阿堯！我知道你是個少見的孝子，對我的至孝，我尤其感恩。但，你的壞脾氣真的非常不好，媽希望你能夠很快地改掉。就當它是對我最好的孝順，好嗎？」

我情不自禁地抱著母親已日漸彎駝的身軀，發覺她比往常更為孱弱了；同時，我含著淚水親著她的額頭，她也親吻著我的手背。此時，母子相擁而泣，我再次懇求她的原諒，她則勸我別再傷心了，趕快上班去。

天啊！我何其不孝與不敬？豈可輕易忘記，母親都已是高齡百歲的長者了。而感謝她的寬宏雅量，百般對我壞脾氣的不計較。需知，她老人家是在感化我啊！是在引度我啊！我要珍惜，更要把握，千萬別做不孝子。

每個人的一生，有許多自己的功課需要完成，我已完成了幾項功課，但，近期最感困難的功課之一，便是脾氣的修持了。我知道，母親這輩子一直扮演著我的上師與明燈，我由衷地祈求佛菩薩的加持，希望母親她老人家能夠慢慢地老，因為：

「媽！我的壞脾氣，仍需要您的感化與引渡。」

29 您是這世上，唯一不會生我氣的人

在我的書裡，曾經多次提到《母親，我怎麼讓您等了那麼久》（作者劉繼榮）這篇短文，並引用了其中幾個佳句。這兒，我要再次摘述一小段，有關作者對母親的特殊感情。

「……我知道，您是這世上唯一不會生我氣的人，唯一肯永遠等著我的人。也就是仗著這份寵愛，我才敢讓您等了那麼久。……」

我反覆多次地咀嚼這一小段內容，深深的頗有同感，內心裡更是激盪起極大的共鳴。沒錯，對我而言，從小到大，這輩子、這世上，不管我說錯什麼話或做錯什麼事，冒犯了對方，而終究不會生我氣的人，那真的是只有我的母親了。

雖然人生在世，週遭不乏與我們關係親近的人，除了父母之外，還有：兄弟姊

妹、夫妻、子女、同學、同事、朋友、情人……等，或許他們也都愛你或喜歡你，但，說實話，這些感情多半是建立在對等或互惠的前提上的。

一旦，那些前提變卦了或失衡了，甚至，演變成利益上的衝突時，別說既有的情感或關愛沒有了，往往，連一般的關係，也都很難繼續維繫下去。甚者，翻臉不認人或彼此傷害的事例，也時有所聞。

這也說明了，為何現今世界總是屢見不鮮：兄弟鬩牆、夫妻失和、同事相爭、好友分道、子女不孝……等社會亂象。真所謂：「世風日下，人心不古」。

然而，在那些與你關係親近的人中，唯獨父母對子女的愛，幾乎是很少變調的。尤其是母親，她對子女的親情，很少是會隨著時間而淡薄的；對子女的疼愛，更是很少會因歲月的飄逝而折減的。

道理很簡單，因為，母親對子女的愛，完全出自天性，不求回報，而只懂付出。那種感情的形成，不是建立在對等及互惠的前提上。尤其，母愛之所以偉大，更在於它既不現實也絕非功利。因此，我們經常可見，天底下母親對子女的關愛，幾乎都是無私、無怨、與無悔的付出。

真的是非常難以形容，那種母親竭盡其所能，一輩子從年輕到老，願意為自己的子女，無止境地付出與奉獻的偉大情操。我倒是覺得「春蠶到死絲方盡，蠟炬成灰淚始乾」這詩句的意境，或可領略到母親那種對子女真愛的浩瀚之恩。

天底下的母親對待自己的子女，幾乎都是如此吧！然而，天底下的子女對待自己的母親，又是如何呢？我不想也不必多講，那種天壤之別，大家摸著良心問問自己，也就知道了。

坦白說，我非常幸運，因為，我有著一位慈母與賢母。她老人家對我的愛，就正如同前面我所描述的母愛一樣，我不僅由衷感動，而且更是萬分感恩。

她那既深且濃的母愛，從我懂事以來至今，即便我已是三個孫子的爺爺及外公了，而她老人家也已是百歲高齡了，但，她對我的愛卻從未變調過，也不曾褪減過。

我真正感受到，原來母親對子女的愛，看似平凡與天經地義；但，你若用心去體認與感悟的話，才會真正領略到母愛的崇高與浩瀚。

母親膝下育有十個孩子，五男五女。她對於每個子女的愛，就如同自己的十根手指頭一樣，一視同仁的疼惜。當然，她不會特別偏愛誰，因為，每個孩子都是她懷胎十月所生的，每一個都是親骨肉，每一個都是寶貝，每一個也都疼愛。

然而，我總是一廂情願地認為，即使她關愛每一個她的孩子，但，我應該是她最疼愛的一位了。這麼說，當然有我的道理。一來，我是她的么兒，與她最為親近；二來，她和我同住的時間最長，互動最為頻繁；三來，我真的對她非常的盡孝，而她也對我相當地肯定。

基於這些因素使然，我確實是兄弟姊妹中與她最有緣份的孩子。換言之，我和她的母子情份，既深厚又濃郁。因此，我感受及獲得的母愛也要比其他人來得多。這是我最感幸運的地方，尤其，我從這些「母愛」與「愛母」的互動及交流中，提昇了不少在靈性上的成長。

怎麼講呢？就拿我一直耿耿於懷的壞脾氣為例。其實，我的個性與修養，大致說來還算是不錯的。可是，每當脾氣一來時，也是很難溝通的。往往，讓事情演變到雙方都很尷尬的地步。雖然，自己很快地有後悔之意，覺得下次不該讓自己的脾氣如此輕易的失控，但，總是太遲了。

「阿堯！你有很多優點，不僅為人正直、心地善良，而且，寬厚待人、樂善好施。然而，壞脾氣的毛病卻把你打了很大的折扣，非常冤枉。要趕緊改掉這個大缺點，讓你的修養再往上提昇。」

在待人接物方面，母親向來對我非常的尊重與信任，但，唯獨脾氣此事，她老人家經常語重深長、苦口婆心的勸導我。有好幾次，她更是憂心忡忡的告誡著我：

「阿堯！媽知道你是個宅心仁厚的人，可是為什麼嘴巴老是那麼強硬？即使你是對的，但是，有理也不需要理直氣壯啊！更何況，有理卻還能做到饒人之處，那才是真正一個講理、明理的人，而對方也才會真的對你感到服氣。」

你瞧！這麼簡單的做人哲理，出自我年邁老母親的口中，對她，我真的打自內心的景仰與敬佩。因為，她示現於我的，不僅止於諄諄善誘的言教而已，尤其，更具說服力的是，她一輩子以來的身教。換言之，她絕對是個不折不扣「言行一致」的人。

就因為她老人家本身便是一個最佳表率，因此，她對我的勸導也就更具高度影響力了。我當然明白母親對我的期望，因為，我的壞脾氣是她目前唯一的擔憂。顯然，徹底改善我這個壞脾氣，是她對我最為關心的大事。

「阿堯！儘力改善你的脾氣好嗎？就把這件事，當做你要孝順我的禮物來做吧！」

我知道，母親真的是有心在度我，要把我從此岸度到彼岸去。想想，她都這麼明說了，我又如何忍心辜負她的期望？再說，她老人家都已百歲高齡了，我該拿什麼來孝順她呢？物質方面的需求，她早已恬澹自如。因此，我若真有心要孝順她的話，也唯有「順」她的意，才切合實際吧！

其實，「知子莫若母」。母親很清楚，雖然我經常嘴硬，但，她的話我終究都會聽進去的。我必須坦誠，從小至今，能夠讓我心服口服的也只有她老人家，因為，她的德性與情操遠在我之上，就像一座高山似地讓我景仰與學習。

雖然，我一直提及我的壞脾氣，其實，嚴格說來，也沒有想像中的那麼壞。只是，人生總是有些功課要精進，而這一門算是我最弱的科目，因此，我拿放大鏡來看自己。同時，也希望能夠藉助慈母的加持，把我從此岸引度到彼岸。

母親令我最感敬佩的是，自我懂事以來，她幾乎很少生氣。尤其，早期褚家的家道不興，母親長年承受在沈重無比的家計負擔下，她卻從不怨天也不尤人。除此，她更是咬緊牙關、隨緣認命，憑著無比的堅強毅力及天生的聰慧靈敏，褚家的家運終因她而為之振興。

這些過往歷程，雖然家中我年紀最小，但，也都親歷其境，因而，有機會感受到母親在這方面非常令人佩服之處。印象中，無論處境如何艱困，日子再怎麼難過，她老人家都能夠設法渡過。而即使面對接踵而來的低潮，不免有些怨氣，但，她也很少對我們發脾氣，更是很少遷怒於我們。想想，一個人在困境與低潮下，還能有這樣的修養，說真的，實在不是一件容易的事。

倒是我自己，一路走來，即便是已經這把年紀了，還會因為一些細瑣小事，和母親鬧脾氣。尤其更不應該的是，偶爾還會對她老人家有不敬的言辭。但，胸懷大度的她，修養極佳，明知道是我的不對，但，卻從不生我的氣。她總是以慈祥及溫柔的眼神凝視著我，用平和的語氣勸導著我，希望我自己能夠靜下心來好好地想想。

而每一回，真的是每一回，我終究要臣服於她的感化。我真的沒有理由不順從於她，她老人家就像是一位佛菩薩一樣，用她的慈悲與願力，極具耐心地在一旁度化著我，希望我能夠早日得到成果。

然而，積習不是說想改就能夠立即改好，為此，我要請母親您能夠慢慢地老。坦白說，我真的仍然非常需要好脾氣、好耐性的您在一旁護持著我，因為：

「媽！您是這世上，唯一不會生我氣的人。」

30 您也是這世上，唯一能無條件包容我的人

「包容」這兩個字的簡單涵義是「大度容忍」，指一個人的度量大到，能夠「寬容」及「忍耐」別人加諸於他的不敬或諸多不是，包括在言語上或其他行為上的失當。

因此，對於他人不友善或不合理的行為，不僅止於能夠壓抑自己的情緒，至少做到「忍耐」的功夫，甚者，還能做到願意同理對方、原諒對方的更高境界，也就是「寬容」的功夫。換言之，一個人的度量若能兼具「忍耐」與「寬容」，那才算是真正的擁有「包容」的涵養。

顯然，「包容」絕對不是個容易做到的功夫。否則，這世界不會那麼地紛紛擾擾；這社會也不會有著層出不窮的爭執；人與人之間更不會有那麼多的對立存在。

坦白說，早期的我修養還不夠，加上年輕氣盛，這門學分修得並不好。雖然，認識我的人多半認為，我是一個斯文謙沖有禮的人，待人也頗有寬宏之量。

但，我自己認為，那充其量只能說是個假相而已。

因為，我知道，我只是做到了「忍耐」的地步，對於別人不合理或不友善的行為，也許我能夠一時壓抑自己不悅或不滿的情緒。不過，要能夠內心裡真正「寬容」對方，那可還差得遠呢！

不過，這樣的心境與格局，隨著我年紀的成長，漸漸地有了改善。而且，年紀愈大也愈精進。至於，在靈性上之所以能夠有如此的成長，這都要拜我的老母親之所賜。說實話，能夠有幸生為她的孩子，並長年在她的身教與言教下耳濡目染，真的是受益匪淺。

「阿堯！人生在世不要太計較，心胸要大度些。寧可對自己較嚴謹，但，對待別人就要儘量多包容些。」

「也不要太堅持自己的想法或觀念，因為，它們未必沒有瑕疵。尤其，想要與別人相處得好，就要隨和些，儘量能夠包容對方的不同想法或觀念。」

乍聽之下，好像只是幾句簡單又平常的話，但，若是仔細深思，它卻蘊含著做人的大道理。

我曾經在前文提過，母親從小到大一直是個超級的「人氣王」——父母心中的「好女兒」，公婆的「好媳婦」，先生的「好太太」，子女們的「好母親」，孫子們的「好阿嬤」，友人中的「好朋友」，以及鄰居中的「好厝邊」。

這些讚美，絕非我的片面之詞，事實上，都是我直接或間接聽自別人所說的。也請相信我，它們絕對既客觀又中肯。

當然，母親能夠獲致這麼多的好評，也絕非憑空得來的。這可從前面母親叮嚀我的兩段簡單哲理為例，望出一些端倪。坦白說，要能夠有著這樣的觀念、態度、或涵養，那代表了母親已經俱足了圓融待人哲學的基本功。

其實，說了這麼多，無非是想凸顯母親在「包容」這方面的真修養。而這個真修養，當然也不能只靠片面之詞說說即可。以下我就拿實際例子為證，來與讀者們分享。雖然它們在前兩本書中多少也曾提及，但，卻是值得再次強調的。

早在父親往生之後，母親的住處便成為一個問題。因為，四兄弟間該怎麼協調與分配，確實是需要琢磨一番的。雖然，母親知道我很希望她能夠與我長住，而事實上，她也最喜歡住在我這兒。但，總是設身處地為人著想的她，當時並沒有做這樣的決定。

「阿堯！你的孝心與好意，媽心領了。但，你也必須考慮一下阿瑩（我內人）的立場，我不能夠這麼做。」

其實，舊時代公婆的地位與權威是很高的，雖然她也可以隨著她的心意去做決定。但，善解人意的她，總是替媳婦們著想。她認為既然有這麼多位兒媳可以仰靠，就不該把孝養的責任，全然由一位兒媳來承擔。

因此，以後的幾年，母親她老人家就在大哥、四哥、和我三家之間輪流居住。短則三、四個月，長則半年，就需遷徙一次。這對日漸年邁的母親來說，不便之處自不在話下。

尤其，母親在九十歲以後，無論是體力、精神、或行動力皆每況愈下，定期的搬遷對她老人家而言，真的已經不再適宜了。我既難過又不捨，好幾次都希望母親能夠同意長期定居在我家，而不再遷徙。但，客氣又善良的母親，每次都拒絕了我的邀請。

「阿堯！媽完全能夠感受到你的好意，但，還是要多體諒阿瑩的處境，別讓她為此而感到為難。真的，要聽我的話。」

母親對此事既然如此堅決，雖然，我的內心非常地掙扎與煎熬，但，也只好順從她老人家的旨意了。

這事一直到母親九十五歲時，真要感謝佛菩薩惠賜的恩典，妻主動地邀請母親定居在我們家，從此，她老人家毋需在兄弟間定期遷徙了。為此，母親感動地向妻致謝：

「阿瑩！非常感恩妳留我長住在妳們家，往後應該會有不少要麻煩妳的地方，請妳多包含哦！」

你瞧！連住在自己兒子的家，對媳婦都還要如此地客氣和尊重，你應該可以感受到，母親是何等的善良與善解人意了。事實上，她這麼細膩的心思以及總是為他人著想的舉止，在在都顯示出，她老人家深具「包容」這難度頗高的涵養與修為。

「阿堯！我很感謝你對我這麼孝順，但，今後你更要好好地疼惜阿瑩。別忘了，母子之間是一世的關係，而夫妻的緣份卻是兩世的。切記！千萬別因為我而影響到你們的感情。」

「我有Leta照顧著我，你放心！不需要花太多時間在我這裡。多去陪陪阿瑩，也多關照及維持你們夫妻間的好感情。」

通常，我習慣於下班進門之後或平常在家時，會到母親房間問候她或閒話家常。但，每每才坐不到十分鐘的時間，很快地就被她趕出來，催著我早些去陪伴妻。其實，母親她老人家由於行動不便，因此，幾乎天天都待在家中，而只有外傭Leta陪著她，她生活之單調、無聊，我是可想而知。

然而，如果每天能有像兒子這樣的親人，花點時間和她噓寒問暖、親情互動的話，相信，她老人家定會備感溫馨及欣慰。我想，這該是年長者的常情，更何況我這百歲高齡的老母親呢！但是，我可敬的母親總是待己甚薄、寬以待人，她寧可忽視及壓抑自己，也不願因她而影響到我和妻之間的相處。

當然，這都是她老人家一廂情願的善意想法，其實，她是多慮了。不過，由這個事例，更可見母親她崇高的人格特質，她真的是一位非常具有「包容」心的長者。易言之，她的度量已大到兼具「忍耐」與「寬容」的「大度容忍」境界了。

坦白說，這樣的修養是典型的「知易行難」——亦即，說來容易，做時難。尤其，在個人主義及功利思維盛行的現代社會裡，更屬難得。而母親，她卻是難得中的難得。

尤其，必須在此一提的是，她老人家對我從小到今，可說是無始無邊以及無怨無悔的包容。這樣的愛心，不僅讓我感動，而且，也讓我由衷感激。坦白說，我真的無法理解為何她總是可以做到？因為，對我來說，那真的是一門難度相當高的功課。

然而，對母親而言，似乎只是她信手捻來、渾之天成的功夫。此點，我只能景仰及佩服。以下，我想就母親對我的包容，稍加著墨一番。

先談「忍耐」的部分。我還是必須承認自己在個性上的瑕疵，包括：自命不凡（自以為是、自負、自大）、耐性不足、得理不饒人、易怒、不太聽人勸……等，這些缺點跟著我從年少至今，它們幾乎是如影所形，而難以揮去。

我的這些個性缺點，在對外人時，或許還會有些約制。但，若是對自己的親人，則自我約制的能力就差了許多。尤其是對母親，從小至今，我不知傷過她多少次的心，但，每一次，她總是百般地容忍著我。而我，竟然仗著她對我的這份愛心與耐心，而對她老人家予取予求，真是不孝啊！

其次，「寬容」的部分。我真的感到非常慚愧，因為，我對母親的諸多不敬甚至不當舉止，她老人家不僅每次都抑制自己的情緒，忍耐我的一時失態。甚而，她都能完全的「寬容」我，真正的同理我、原諒我。也許，她深知這個么兒對她是至孝的。

坦白說，母親對我真的是百分之百的絕對「包容」，而且，我更必須強調的是，在我生命歷程中，她始終都是如此地對待我。我常在想，除了母親，這世界上應該沒有人會如此寬宏的善待我。因此，她老人家於我而言，就如同是我的佛菩薩一樣。

然而，至今我的修養尚需精進，仍需仰賴母親您的度化，為此，我要請您慢慢地老，因為：

「媽！您也是這世上，唯一能夠無條件包容我的人。」

31 和您一起的點點滴滴，永遠令我懷念不已

我非常感謝《孩子，等我一下》這一篇不到五百字的短文（由永和耕莘醫院牧靈室翻譯，以及天主教失智老人基金會提供），只是簡單的幾句話語，卻即時啟發了我對孝順母親的一些省思、靈感、以及具體做法。

尤其，此篇短文的題目，更激發了我之前為母親寫第二本專書的動機，並以《母親，慢慢來，我會等您》來命名，藉此與其相為呼應。至今，我依然認為這本書名，既貼切又深富意涵。

前幾天，我又拿出了那篇短文來閱讀，當念到「……當你還小的時候，我花了很多時間，教你……，這些和你在一起的點點滴滴，是多麼的令我懷念不已！……」時，不知怎麼，一陣莫名的感觸與感動，又油然而生。

我想起了已是高齡百歲的母親，想起了當我年紀很小的時候，她花了多少時間，耐心地教會了我多少事？這些點點滴滴，由於當時年紀小，長大後其實多半也已不記得了；然而，對遲暮的老母親而言，它們卻依然令她懷念不已。

直到如今，我也已是花甲之年的老者，才真正懂得她老人家的心境，也才真正明白，原來，母親對孩子的愛，竟是如此的永無止境。而那種永不褪色的愛，看似平凡，卻是人世間最無私、最純淨的「真愛」。

也因為這些年來，從年少、青年、壯年至老年，我歷經了人子、人父、人祖等不同的角色與身分之體悟，才逐漸覺知到前文母親對孩子所說的那句「……這些和你在一起的點點滴滴，是多麼的令我懷念不已！……」的內心最深層意義，它們竟是如此的耐人尋味，並且，絕對值得天下為人子女者好好深思與正視。

而也就是這一句話，對我起了棒喝的作用。讓我猛然想起，如果角色互換的話，那麼，我是否也該問問自己：「從小至今，我和母親在一起，有哪些點點滴滴？」。也許它們很平凡也很平常，但，對我而言卻都是彌足珍貴的，我理當趁著記憶尚好的年紀，著實好好地彙整一番。為此，也才有了本文的撰述。

雖然，和母親在一起的點點滴滴，在前兩本我為母親而寫的專書中，已有不少著墨。而事實上，至今我也經常仍會回想起年輕時和母親相處的諸多點滴。因此，以下我特別彙述了一些重點，並增加些記憶金庫中的難忘點滴，藉此做為日後我可以隨時緬懷之便。

平心而論，人不僅是感情的動物，而且也是個善於記憶與懂得回憶的動物；而在感情、記憶與回憶三者之間的交替作用之下，編織了也豐富了每個人的生活與生命。而我與母親之間的故事，也就是在如此的情節下，自然發展而形成的。

＊＊＊ 母子情深宿世緣 ＊＊＊

其一：陳年憶往

我是一個相當感性傾向的人，喜歡回憶往事。依稀記得幾段與母親的陳年往事，至今回想起來，每每感到溫馨無限。經常，真恨不得時光能夠倒流，回到當時的每一個場景，與母親再次重溫那些珍貴的「母子情深」氛圍，以及千金難以買回的無價回憶。〔詳見《話我九五老母》「第1章 楔子：花甲么兒與九五老母——陳年憶往」〔第21頁至36頁〕

其二：母子情深宿世緣

在所有兄弟姐妹當中，我和母親的緣份特別深厚，我們一起相處的時間也最為長久。因此，無論是在少年、青年、壯年、甚至老年的不同階段，母親於我的「舐犢情深」，以我對她老人家的「孺慕之情」，始終都不曾間斷於我們母子之間。

而無論時光再怎麼飛逝，我始終都是她最貼心及最孝順的小么兒，而她更是會永遠疼惜我的老母親。〔詳見《話我九五老母》「第5章 母親和么兒阿堯——母子情深宿世緣」（第103頁至126頁）〕

***** 伴母五度國外同遊 *****

其一：1996年八十歲・北歐及俄羅斯行

這年母親正值八十歲，我與妻照瑩、女兒彥希及兒子彥廷一起陪伴著她，三代同遊北歐四國及俄羅斯，在歐洲之北共享天倫之樂。〔詳見《話我九五老母》「第6章 北歐同遊三代情深」（第127頁至144頁）〕

其二：2001年八十五歲・初遊中國上海

母親八十五歲時，我獨自一人帶著她首次到中國上海旅遊。母子二人同行於上海灘前，儼然一幅「母子情深圖」。短短幾天的行程中，在上海的幾個著名旅遊景點，為我和母親留下了一段美麗的回憶，而令我終生難忘！〔詳見《話我九五老母》「第7章 上海灘前母子同行」（第145頁至158頁）〕

其三：2002年八十六歲・上海二度重遊

事隔一年後的秋冬之際，我再次單獨帶著母親二度重遊上海，造訪了許多上次未能到訪的名勝與特殊景點。尤其，此行有機會登上東方明珠塔，眺望黃浦江、上海灘、以及浦東的夜景，讓母親感受到了這中國第一大都市的美麗與壯觀。對於上天能恩賜我二度與母親重遊上海，並留下美好又珍貴的回憶，我由衷地感恩。〔詳見《話我九五老母》「第8章 明珠塔上俯望浦江」（第159頁至188頁）〕

其四：2003年八十七歲・欣訪日本北海道

民國九十二年的秋天，雖然母親年事已高，但，我仍毅然決然地，又單獨帶著她老人家，到她夢寐以求的日本北海道去旅遊。雖然只有短短五天的行程，但，該走的重要景點也沒有錯過。想想，我這樣的年歲，還能帶著高齡八十七歲的老母親同遊北海道，共享天倫的溫馨，那種幸福的感覺就像最後一站景點「幸福車站」一樣，把幸福滿滿的記憶帶回台灣。詳見《話我九五老母》「第9章 北海道央共享溫馨」（第189頁至216頁）

其五：2006年九十歲・登臨日本立山黑部

與母親同遊日本北海道三年之後，母親已是高齡九十歲。我認為她的體力仍佳，因此，把握了機會，又再度一個人帶著她老人家到日本的立山黑部旅遊。我很慶幸當時能夠那麼果斷地作了如此決定，因為，母親自此之後，至今都還未能有適當的時機再次出國旅遊。

至今，我仍然無法忘懷，當年我這五十五歲的么兒，能夠陪伴著九十歲高齡的老母親，悠遊在「日本神山」——「立山」的山頂。老母親的右手柱著拐杖，么兒則攙扶著老母親的左手，就這樣，母子二人，一步一步地走著，走在立山的五月天。啊！

那是何等溫馨的親情？又是何其感人的畫面？（詳見《話我九五老母》「第10章 立山神山恩顯親情」（第217頁至258頁））

*** 伴母戶外近郊遊——市區、近郊、鄰近縣市 ***

雖然旅行對母親而言，始終是她的最愛。然而，如今高齡百歲的她，無論是國內或國外的旅行，對她都已不太方便了。為此，每個星期我都會儘量開車戴她老人家到戶外逛逛。希望藉此能夠透透氣，以免整個星期她都悶在家裡。

而這些年來，我們著實也走過了不少地方。距離較近者，主要為新竹的市區以及郊區。由於我們是世居新竹的在地人，我為了讓母親能夠緬懷舊往、活化記憶，除了開車之外，偶爾，我也會以輪椅推著她，悠閒地在這她居住了前後百年的竹塹城，大街小巷地逛。我猶如識途老馬，為她導遊並詳細解說，希望能夠喚起在她記憶金庫中的珍貴憶往。

至於，距離稍遠者，則以新竹市鄰近的鄉鎮為主，包括：竹南、新埔、湖口、竹北、峨眉、北埔、竹東、五峰、寶山、龍潭、大溪……等地的名勝或古蹟，都留下了我們彌足珍貴的回憶。

以上的點點滴滴，在為母親而寫的第二本書中，我有更詳細的記載及照片，它們為我捕捉並留下了一生彌足珍貴的記憶〔詳見《母親，慢慢來，我會等您》「第11章把母親當做寶來疼惜」（第251頁至258頁）〕

＊＊＊伴母之旅詩選二十四首 ＊＊＊

我喜歡以詩記事，其實，寫詩的當時並不很刻意。只是，對當下覺得很有意義的事件，一時有感而發，便隨興寫下而已。往往，在日後拿出閱讀時，竟然自我感覺良好，大有「敝帚自珍」之感。

我自認我的詩自成一格，但，嚴格說來，實在是不按詩理出牌。只能說是，自己看了高興就好，而不太在乎別人的評價。因此，幾年下來，我所寫的詩，竟然也有數百首之多。

而在為母親所寫的第一本專書中，就蒐羅了相關的二十四首詩。這些詩作都是從小至今，我和她老人家之間近距離的互動，有感而發所寫下來的。對我而言，都是非常有意義及珍貴的美好回憶。我將它們大致分為以下六大項：

1. 伴母北歐四國之旅詩（共十一首）

2.伴母中國上海之旅詩（共五首）
3.伴母日本北海道之旅詩（共二首）
4.伴母日本立山黑部之旅詩（共二首）
5.伴母藤坪山莊、石門水庫之行詩（共二首）
6.記端節九旬老母包粽詩（共二首）

〔詳見《話我九五老母》「第12章 側記話我老母」（第320頁至328頁）〕

＊＊＊就讀臺灣大學時以母為範之「十願」＊＊＊

回想民國六十年九月十六日，當時，我在國立臺灣大學就讀二年級。母親為了籌措我與四哥（亦就讀於臺灣大學四年級）的註冊費，非常辛苦。由於家中甚為貧寒，要同時栽培兩位大學生受教育，實在是相當艱辛不易。

早熟的我，對於母親的辛勞自然不捨，更感念於她的浩瀚母愛及望子成龍之心，因而，於當年註完冊之後，即興寫下了「以母為範之十願」。期許自己能夠效法母親偉大的德操，全力專心於學業，將來成功立業，以報母恩。

〔詳見《話我九五老母》「第12章 側記話我老母」（第329頁至330頁）〕

*** 和母親共同創立教育基金會 ***

民國一〇一年的年初，我和母親各自捐贈了新台幣一百萬元（合計兩百萬元，是基金會成立的門檻），共同發起並成立了「財團法人褚林貴教育基金會」。這筆錢我原意要全額獨自承擔，而不讓母親把辛苦一輩子省吃儉用的積蓄為此而捐出。

但，在她的極力堅持下，我也只能順從她老人家的旨意。

此外，她也執意不能以她的名義做為基金會之名，並婉拒擔任基金會董事長之職。當時，我費了好大的功夫以及很長的時間去說服她，並強調之所以那麼做，其實對我的意義是非常重大及深遠的。最後，她老人家才勉為其難的答應了我。

就此，基金會於民國一〇一年一月十八日終於正式成立。母親榮膺創會董事長，我則義不容辭地擔任了執行長。

成立這個基金會的宗旨，主要是秉持著母親慈悲為懷、樂善好施的精神，除了主動贊助家庭清寒學子努力向學之外，並以提昇家庭教育及社會教育之品質及水準，做為本基金會今後發展的三大主軸及任務。

說實話，和母親共同創立這個基金會，此舉對我真的是意義非凡。她老人家是創會董事長，我則是創會執行長，我們母子連手共同促成了這個有意義的基金會，不僅出錢也出力。用這樣的善舉去創造將來可以緬懷母親的美好回憶，只要基金會永續運作，這記憶也將永遠不會消失。

〔詳見《母親，慢慢來，我會等您！》「第13章 讓母親永遠留在我心深處」（第310頁至313頁及第315頁至323頁）〕

以上，我重點式整理了從小至今，我和母親近距離相處的生活點滴摘述。它們也許很平凡或稀鬆平常，但，每一個點滴對我都是那麼珍貴無比。尤其，母親已經百歲高齡，我希望能夠珍惜並把握住未來的每一個歲月，和母親創造出更多美好的生活回憶。為此，母親！可否請您慢慢地老？因為：

「母親！和您在一起的點點滴滴，永遠令我懷念不已。」

32 請您慢慢的老，讓我能夠孝順您更久

母親今年高齡百歲，而我也已是六十五歲的老者，真的都已是上了年紀的人了。我心裡很清楚，未來還能夠有多少和母親相處的時間，這完全必須仰賴佛菩薩的旨意了。

每每想到這方面的事，一陣莫名的不捨之情，便不由得從心中而起。我當然非常渴望並祈求佛菩薩的加持，恩賜我更長久的時間來陪伴母親，因為，對母親，我還有好多好多的恩情要回報她老人家。畢竟，母恩難報，而歲月又如梭。

母恩的浩瀚在《詩經．小雅．蓼莪》中就提及：「欲報之德，昊天罔極。」在《遊子吟》中也寫到：「誰言寸草心，報得三春暉。」此外，《六祖壇經》「疑問品第三」中的「無相頌」，更強調「恩則孝養父母」。坦白說，古今中外對母恩的讚頌

不勝枚舉。我當然也秉持著「滴水之恩，當湧泉相報」之心來報答母恩，更何況老母親之於我的，不只是滴水而是瀚海之恩呢！

換言之，這些年來，不諱言地說，對於及時報孝母恩，我不僅「有心」，而且也非常「用心」，可說不遺餘力地在做盡孝之事。因為，我不希望造成「樹欲靜而風不止，子欲養而親不待」（《韓詩外傳》[卷九]）的遺憾。為此，我經常拿此詩來警惕及鞭策自己，要好好珍惜並把握當下的每一刻。

坦白說，前幾年為母親而寫的兩本專書（《話我九五老母——花甲么兒永遠的母親》及《母親，慢慢來，我會等您》），也就是在如此的心境下完成的。書中描述了許多我和母親之間非常近距離的親情互動，充份的顯示出，我如何珍惜與把握能和母親在一起的每一刻當下的「有心」與「用心」。說實話，若非真的「有心」與「用心」的話，我是不可能做出來的，也是不可能寫出來的。

尤其，這第三本書《母親，請您慢慢老》的問世，更是遠超越我的預期與想像。說實話，我不知道，這世上有多少人會為他的母親，在短短的前後不到三年半內，連續寫了三本專書？我不敢說絕無僅有，但，應該是不多見吧！

說實話，我自己也很訝異！是什麼動機引發了我這麼大的動力，居然一口氣為母親寫了三本書呢？我靜下心來仔細想想，其實原因也很單純。其一，我認為這全然是佛菩薩的旨意；其二，母親在我心目中地位之崇高以及份量之重要，由此可知，同時，也是無人可以取代的。

更具體的來說，第三本書的宗旨與精神，全然以「母愛」及「愛母」為主軸；字裡行間更是鋪設著從小到今，如下所述的，我這高齡百歲的老母親與她的最小么兒之間，那種發乎至情的「牴犢情深」與「孺慕之情」。如果你細細的品讀，相信你也會深深感受到那母子情深的無限溫馨。

＊＊＊ 當您日漸老邁，我心疼 ＊＊＊

母親出生於民國六年，家學淵源，是清末秀才的遺腹女。至今，已整整走過了一世紀的歲月。她的一生頗具傳奇性，非僅出身寒門，從小失怙，而且，經歷了兩次不同家庭的養女歲月。然而，她卻從不怨天也不尤人。

及長，雖嫁為地主獨子之妻，但家道卻已中落。而十個子女又先後出生，沈重無比的家計負擔，長期不斷地加諸在她一個弱女子的身上。母親卻能夠隨緣認命，咬緊牙關，憑著她自已無以倫比的堅強毅力，以及天生的聰慧靈敏，終於振興了褚家的家運。

對我來說，「母親，您是一齣令我感懷的歲月」，而且，「您是一篇讀不完的美好故事」。然而，令我備感無奈與傷懷的是，歲月總是催人老，「看到日漸老邁的您，我無法不心疼」，不捨之情總是油然而生。

不過，「請甭擔心您的老，我會角色互換對待您」。同時，也請您相信我，「我會用愛心和耐性，陪您繼續走人生」，絕對不會讓您感到孤獨與寂寞，更不會讓您感到無依與無助。

＊＊＊我會感同身受，更大耐性護持您＊＊＊

這些年來，我總是隨時提醒自己：如果我是母親，現在最需要的是什麼？而最期待的又是什麼？顯然，答案絕非吃什麼好東西？或穿什麼漂亮衣服？也絕對不是給她多少錢？因為，這些物質相關的東西，對高齡百歲的母親而言，她老人家早已視其為身外之物而無足輕重了。

而母親最在意的，其實是她對生命存在意義的更深層感受。她希望自己的存在，不會是別人的累贅，更不會是別人的一個包袱；這樣活著，對她才有意義。

換句話說，母親她老人家的內心深處，必然是希望能夠「活得很有尊嚴」。這也是多年來，我在近距離照顧母親以及長期互動下，所體驗及領悟出來的心得。

基於這些深入的體驗及領悟，因此，母親，請相信我！「您的老，我會感同身受，並付出更大耐心」。也請您放心！我會隨時提醒自己，每天都要注意並確實做到下列的重點：

- 「您說話時，我會耐心地聽，不會打斷您」
- 「您的任何動作都慢慢來，我會等您」
- 「您的任何麻煩，我都不會厭煩」
- 「您的日漸遲鈍，我也不會不耐」
- 「您的體能再弱，我也會全力攙扶您」
- 「當您無聊時，我會陪您閒話家常」
- 「當您健忘時，我會給您更多時間回想」
- 「我會耐性地當您聽眾，讓您常感溫馨」
- 「當您孤寂企盼時，我不會讓您等太久」
- 「您的嘀咕或責備，我都甘之若飴」

尤其，如今您已百歲高齡了，但，請您別擔心，因為：

・「我會更悉心照顧您，也呵護您的尊嚴」

＊＊＊ 做為您的兒子，我無上榮幸 ＊＊＊

母親膝下育有十個子女，正好是五男五女。若論排行，我是「五男」，而就整體而言，我則是母親的第九個孩子。這個排行相當後段班了吧？如果以今天這個年代來說，我是絕對不可能出生的，因此，我要心存感恩地對她老人家說：

・「母親，謝謝您生下了我」

母親是在她三十五歲時生下了我，我是她的么兒。在她的這麼多位子女當中，就屬我和母親之間的緣份最為深厚了。似乎這一生，我注定要被她生下來；而且，她之於我，是個「慈母」的角色，而我之於她，則是盡力做個「孝子」來報答她的恩情。

坦白說，從小至今，無論是母親對我的「舐犢情深」，或是我對她老人家的「孺慕之情」，在在都顯現著，於我們之間那宿世難得又珍貴的善緣。尤其，她對我一輩子無始無邊以及無怨無悔的鞠我、長我、育我、顧我、度我……的浩瀚恩情，更令我的內心不由自主地產生了如下的感念與情懷：

・「能做為您的兒子，我無上榮幸」

- 「我雖老，但您更老，我當更加珍惜」
- 「您的人生智慧常在我心，讓我力量無窮」
- 「您是我終生無時不眷念的身影」
- 「與您同在，讓我成為心靈富裕的人」
- 「您一直是我心中寶貝，我也永遠珍惜」
- 「每天都能看見您，是我最開心的事」
- 「您慈祥的凝視，眼裡滿是疼愛與溫馨」

*** 母親，請您慢慢老 ***

不知何故？最近我總是憂心那無情的歲月，它頭也不回地一天一天飛逝。尤其，一想到母親她老人家都已是百歲高齡了，我更是無時無刻地警惕自己，要非常珍惜及把握住能與母親共處的時光。對我而言，和她在一起的每一年、每一月、每一天，甚至每一分、每一秒，都顯得要比往常更為彌足珍貴。

雖然，如今我也是已過花甲之年的老者了，然而，在老母親的面前，卻依然有著「再老，還是母親的小小孩」的赤子之心，以及做為人子對母親的孺慕之情。尤其，每當夜闌人靜之時，內心深處更不由得湧現出如下的心情與心境，而祈求佛菩薩的慈悲保佑與願力加持，讓母親她老人家能夠健健康康地並慢慢地老：

- 「我永遠是您眼中孩兒，需要您的關懷」
- 「當我最感艱困無助時，您是我的支柱」
- 「我的壞脾氣，仍需要您的感化與引度」
- 「您是這世上，唯一不會生我氣的人」
- 「您也是這世上，唯一能夠無條件包容我的人」
- 「和您一起的點點滴滴，永遠令我懷念不已」
- 「請您慢慢的老，讓我能夠孝順您更久」

尤其是最後一句「請您慢慢的老，讓我能夠孝順您更久」，更是我的肺腑之言。易言之，無論前面陳述了多少在我內心深處，對母親她老人家的諸多坦誠及企盼的孺慕之情，但，總歸一句內心的最大願望還是，祈求我這位可敬又可愛的老母親能夠慢慢地老，讓我得以有更多的時間來好好孝順她老人家。

以上，有關標楷字體以及框引號的字句內容，幾乎就是本書的篇名、章名及主題。我試著以它們做為穿針引線的媒介，去貫穿本書《母親，請您慢慢老》所要表達的宗趣與目的。除了藉此隨時警惕及勉勵自己之外，同時，也希望能夠與有緣的讀者們一起分享及互勉，並共同為人子的孝道盡些心力！

我與母親三代同遊北歐時，搭馬車前往大冰河的途中（馬車上坐著母親、我及妻照瑩）

我與母親三代同遊北歐時，於挪威北角地標前留影

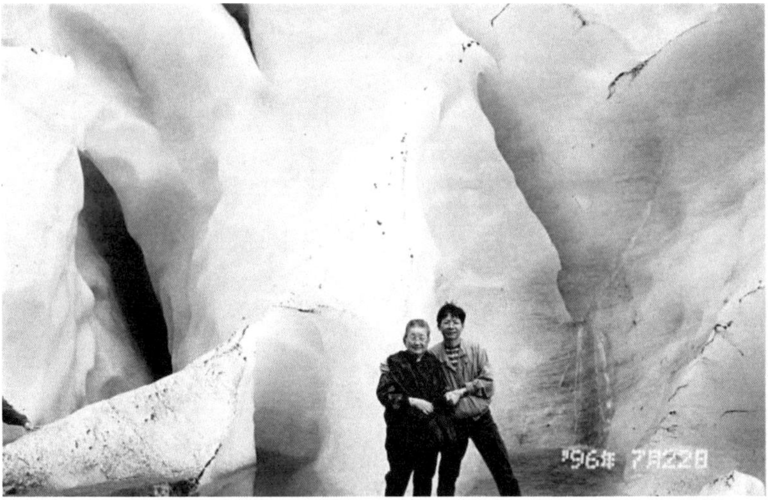

我與母親三代同遊北歐時，於大冰河前留影

我與母親三代同遊北歐時，母親在峽灣渡輪上餵食海鷗

我與母親三代同遊北歐時，攝於登山纜車上

母親與我暢遊上海市之豫園

▌母親攝於上海市東方明珠塔前

▌母親於上海大觀園前留影

▌我與母親上海二度重遊，於旅店附近公園留影

▌母親於上海大觀園中藉場景拍照，扮相十足

▌母親和我同遊北海道時，DIY薰衣草枕頭

▌母親和我同遊北海道，參觀男山酒廠

▌母親在北海道札幌，逛狸小路時留影

▌我和母親於北海道札幌鐘樓（時計台）前留影

▌我與母親於北海道，在札幌大通公園電塔前留影

母親在日本札幌大通公園內吃有名的玉米

母親和我同遊北海道帶廣市幸福車站

日本立山黑部之遊——母親攝於信州松代大飯店

日本立山黑部水壩橋上我與母親合影

日本立山黑部之遊，在積雪的山上，我與手上拿著雪花的母親合影

日本立山黑部之遊——母親和我攝於軍艦島

日本立山黑部之遊，母親攝於輪島朝市，神情甚為慈祥

▌日本立山黑部之遊——母親和我攝於白米千枚田

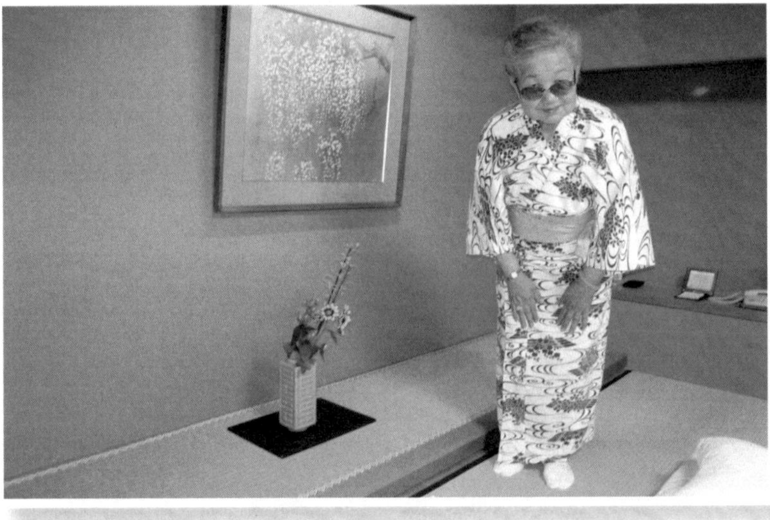

▌母親在日本加賀屋飯店，於房間內穿着和服留影——氣質賢淑高雅

我與母親在日本加賀屋飯店，母子同時着和服享用豐盛的晚餐

母親在日本加賀屋飯店，我陪她穿着
和服逛賣店——她的神情非常優雅

母親和我同遊日本立山黑部，在附近之鬱金香花園留影（她非常讚賞此花園）

母親和我同遊日本立山黑部，在鬱金香花園內留影（她非常讚賞此花園）

母親和我攝於日本相倉合掌集落

日本立山黑部之遊——母親攝於兼六園

▌我與母親90歲時同遊日本立山黑部，於武家屋敷留影

▌日本立山黑部之遊——母親攝於武家屋敷附近民宅前

▍多年前與母親攝於竹南后厝龍鳳宮頂樓（當時母親還能爬上頂樓）

▍多年前帶母親逛義民廟，在吊橋前留影

▍母親與我攝於飛鳳山代勸堂

母親與我逛北埔老街並於慈天宮前留影

母親與我在獅頭山藤坪山莊喝下午茶

▌油桐花盛開季節，母親和我在獅頭山藤坪山莊後院散步

▌母親於獅頭山藤坪山莊一角留影

▍油桐花季我帶母親至獅頭山藤坪山莊賞花

▍母親和我在獅頭山藤坪山莊後院欣賞油桐花盛開

母親與我攝於獅頭山遊客中心的歇心茶樓（在獅尾）

母親和我在獅頭山藤坪山莊，一面用餐一面欣賞青山綠水

母親和我攝於新埔三聖宮內之老榕樹前

母親於新埔三聖宮前廣場留影

母親攝於新埔三聖宮之普陀巖

母親與我於峨眉天恩彌勒佛院前合影

母親於新埔三聖宮許願池前虔誠敬拜觀世音菩薩

▍母親與我於獅頭山藤坪山莊的後院綠草坪留影

▍陪伴母親參訪峨眉天恩彌勒佛院

我和母親攝於藤坪山莊後院草坪

母親於慈湖湖畔留影

母親與我在位於竹科拓展館旁時的辦公室合影

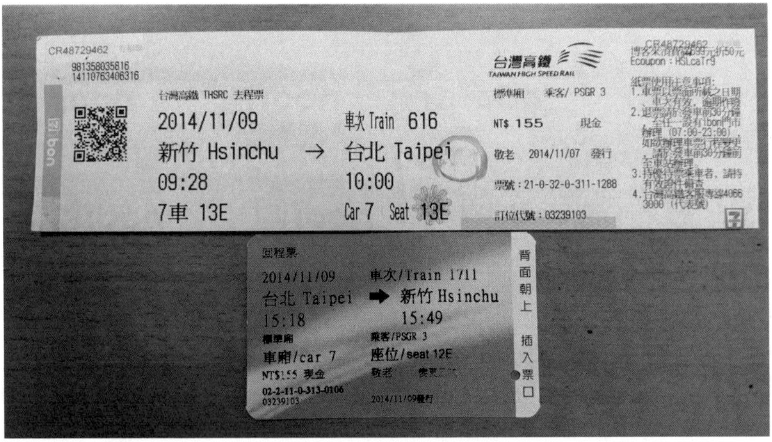

專程帶母親至台北101大廈參觀的高鐵往返票根

母親和我攝於新竹高鐵站（前往參觀台北101大廈）

▍陪同母親至台北101大廈，於高鐵新竹站候車

▍母親和我於台北101大廈前留影

母親攝於台北101大廈前

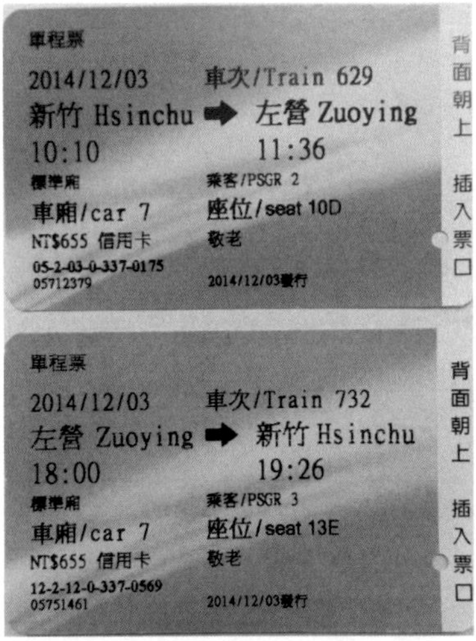

專程帶母親至佛光山佛陀紀念館參觀的高鐵往返票根

母親和我於左營高鐵站下車（準備前往佛光山及佛陀紀念館）

專程帶母親至佛光山佛陀紀念館參訪，於左營高鐵站簡單用餐

陪同母親參訪佛光山佛陀紀念館之1

▍陪同母親參訪佛光山佛陀紀念館之2

▍陪同母親參訪佛光山佛陀紀念館之3

▌陪同母親參訪佛光山佛陀紀念館之4

▌母親與我在佛陀紀念館前禮佛

▌母親很欣慰能夠有此機緣到佛陀紀念館禮佛

▌我也非常欣慰能夠親自陪伴母親到佛陀紀念館禮佛

▌陪同母親至佛光山佛陀紀念館參訪，於“回頭是岸”門前留影

陪同母親至佛光山佛陀紀念館參訪，於“不二門”前留影

母親參訪佛陀紀念館回程，累了在高鐵上稍事休息。也真難為她了，不過，她告訴我此行非常值得，也很感謝我的孝心！

▍我與母親三代同遊北歐時，搭馬車前往大冰河的途中（馬車上坐著母親、我及妻照瑩）

第五篇

側記——母親，讓我悉心顧您、護您

坦白說，照護一位年居百歲高齡的長者，真的不是一件容易的事。除了生理上的照料之外，尤其，心理上及精神上的同時關懷與體貼，那才是真正不可或缺的，甚至，更是關鍵之舉。

很多為人子女者，沒有近距離照顧高齡長者的機會，因此，可能缺乏經驗或者用心不夠，為此，錯失了能夠回報父母養育之恩的時機。往往，等到有一天忽然醒悟時，卻已為時太晚，或根本毫無機會了。這樣的處境，那才真叫人痛心呢！我不想成為後悔的那一群，因此，對照護母親的付出，算是很用心的了。

我很高興佛菩薩能賜給我和母親如此深厚的母子善緣，也很榮幸能夠在她最需要人照護的高齡，在身旁近距離照顧她老人家。就如同我在為她寫的第二本專書《母親，慢慢來，我會等您》中第一章所述：

「母親！當您年紀已經老的時候，我願意花更多的時間，協助您慢慢的用湯匙、用筷子吃東西；幫您穿鞋子、扣釦子、推輪椅；幫您穿衣服、梳頭髮、剪指甲。……請您放心！……我不會催促您，我會對您多一些溫柔與耐心。……」

此處，我把這些年來，在這方面的部分經驗與大家分享如下：

＊母親每天的重點作息時程

＊母親一日三餐的主要食物

＊母親每天必須的慢性處方

＊為母親額外補充的保健品

＊協助母親常做的健身保養

＊母親每天大致的消遣活動

＊母親戶外活動較常去之處

＊母親三餐外曾喜歡的食物

I 母親每天的重點作息時程

一、清晨

06:30 起床

06:30~07:30 盥洗、梳理

07:30~09:30 交大博愛校園散步、簡易體操及運動

二、早上

09:30~10:00 頌佛號（華藏衛視——頻道１０２）

10:00~11:30 早餐

三、中午

11:30~13:30 午休

四、下午

13:30～15:30　午餐及休閒

15:30～16:00　頌佛號（華藏衛視——頻道１０２）

16:00～18:00　床上小憩

五、晚上

18:00～19:00　洗澡、梳理

19:00～20:00　晚餐、母子聊天

20:00～22:00　觀賞電視（連續劇或知性節目）、母子聊天

22:00　就寢

Ⅱ 母親一日三餐的主要食物

一、早餐

1. 原味安素一罐（美商亞培）
2. 養氣人蔘一瓶（桂格食品）
3. CoQ10（100mg一粒）
4. 薑汁地瓜湯一碗（地瓜約3～4小塊）
5. 綜合水果（木瓜、奇異果、火龍果為主；芭蕉或香蕉）

二、午餐

1. 燕麥粥一碗（桂格燕麥片沖泡）
2. 海苔醬（日製）
3. 吻仔魚（或鯖魚、鮭魚、肉鯽魚、丁香魚）

4. 自醃小黃瓜或大頭菜

三、晚餐

1. 燕麥粥一碗（桂格燕麥片沖泡）
2. 家人晚餐菜餚中適合母親食用者（方便咀嚼及容易消化之食物為主）
3. 佐以海苔醬、魚品（如午餐之魚類）、蒜頭漬物（日製）、自醃小黃瓜或大頭菜
4. CoQ10（100mg 一粒）、欣表飛鳴三粒

Ⅲ 母親每天必須的慢性處方

一、心臟內科方面

1. Nicametate（Sanyl）50mg〈改善血液循環〉
2. Olmesartan（Olmetec）20mg〈心臟血管用藥，降血壓〉
3. Sennoside（Through）tab 20mg〈調節排便正常，便秘使用〉
4. Estazolam（Eszo）tab 2mg〈鎮靜安眠劑〉
5. Clonazepam（Revatril）tab 0.5mg〈具鎮靜抗痙攣及抗焦慮等作用〉
6. Lacidipine（LESYN）fc tab 4mg〈降血壓〉
7. FUROSEMIDE（FURIDE）40mg〈利尿劑，降血壓〉
8. Pitavastatin（LIVALO）fc tab 2mg〈降血脂藥〉
9. Flupenthixol/Melitracen（Deanxit）sc tab 0.5/10mg〈精神安定劑、抗焦慮〉

10. Rivaroxaban（Xarelto）fc tab 10mg〈預防靜脈血栓栓塞〉

11. Zolpidem（Zodenox）tab 10mg〈鎮靜安眠劑〉

二、神經外科方面

1. MELOXICAM（Mobic）15mg〈消炎止痛劑〉
2. STRONTIUM RANELATE POWDER 2g〈骨質疏鬆症治療〉
3. METHYLCOBAL（CH3-B12）注射劑〈末稍神精障礙治療〉
4. CELECOXIB 200mg〈消炎止痛劑〉
5. Flurbiprofen 40mg/SH〈鎮痛貼片〉
6. TEIRIA GEL（思舒酸痛凝膠）

IV 為母親額外補充的保健品

一、心臟相關

1. 寶維適CV（美商美樂家）
2. CoQ10（100mg一粒）

二、筋骨、關節相關

1. 關立固軟膠囊（日商製造／天義企業總代理）
2. 合利他命強效錠（日商武田藥品）
3. 鳳梨酵素（弘茂生物科技）
4. 鈣勇加強錠（法國施維雅總代理）
5. 神增速軟膠囊（美商製造／世鴻藥業）

三、精神養氣相關

1. 紅景天（生達化學製藥）
2. 養氣人蔘（桂格食品）

四、腸胃、通便相關

1. 欣表飛鳴（日商武田藥品）
2. 安寇（Ankh）淨體素錠（儷都國際總代理）

五、綜合營養相關

1. 精英如沛（美商如新）
2. 原味安素（美商亞培）
3. 利寶錠（Brainy）（美商製造／欣傑實業）

六、其他

1. 眼睛方面：視舒坦眼液（Systane）（瑞士商）、滴可明眼劑（Comeregel）（德商）
2. 喉嚨方面：六鵬草本潤喉錠（義商製造／六鵬貿易進口）、潤喉粉（竹安中藥行）、鹿角草（草本）
3. 保養方面：舒跑、茶洗顏石鹼、真珠嬰兒皂、真珠酵素爽身粉、丸竹香粉

V 協助母親常做的健身保養

一、頭部按摩

百會穴、太陽穴、神庭穴、前（後）頂穴、率谷穴、天沖穴

二、臉部按摩

攢竹穴、睛明穴、絲竹空穴、魚腰穴、承泣穴、印堂穴

三、耳部按摩

耳輪、耳垂、耳屏、耳甲、三角窩、耳舟、耳門

四、肩頸部位按摩

風池穴、大椎穴、肩井穴、膏肓穴、天柱穴、耳眠穴

五、手掌部位按摩

魚際穴、內關穴、勞宮穴、後溪穴、命門穴、合谷穴、神門穴、手指井穴

六、手臂部位按摩

曲澤穴、天泉穴、內關穴、尺澤穴、太淵穴

七、腳掌部位按摩

太沖穴、三陰交穴、太虛穴、湧泉穴、失眠穴

八、腿部按摩

足三里穴、承山穴、太谿穴、委中穴、陽陵泉

九、其他

泡腳、熱敷、梳頭、拍打、搓手掌、修剪手腳指甲

VI 母親每天大致的消遣活動

一、早上

1. 至交通大學博愛校區校園，與三兩好友（年齡小她十歲以上）聊天、唱歌（國、台、日語老歌）、散步、簡易體操及運動。〔天氣及溫度皆合適時〕
2. 在家中客廳做簡單之體操（坐於輪椅上）〔天氣及溫度不合適時，如：冬天或下雨天〕
3. 早餐後，於家中通道，以助行器徒步來回走兩趟。

二、下午

1. 午餐後，於家中通道，以助行器徒步來回走兩趟。
2. 偶爾，短時間閱讀聯合報之大字標題新聞。

3.心血來潮時，翻閱我為她老人家寫的兩本專書及獲獎文章。

4.偶爾，以iPad翻看我替她存檔的舊日照片。

5.在家中陽台花園，觀賞盆景花草，或眺望對面十八尖山山景。

三、晚上

1.晚餐後，於家中通道，以助行器徒步來回走兩趟。

2.觀賞八點檔台語連續劇或其他節目（如：阿信、國家地理頻道、動物星球頻道、Discovery……等）

3.接聽兒孫們之來電，或偶爾主動與親友們通話。

VII 母親戶外活動較常去之處

一、住家附近

1. 交通大學博愛校區校園、運動場（博愛街）
2. 體育場附近之孔子廟、麗池、玻璃博物館及鄰近之櫻花園區、動物園、假日花市（公園路、食品路）、土地公廟
3. 東園國小校園、運動場（綠水路）、彥廷家（東光路）
4. 住家大廈中庭小公園、食品路老家附近社區

二、新竹市區

1. 西大路老家、北大路老家、食品路老家、以及母親孩提時住的石坊街、文化中心、關新路辦公室（華瀚文創科技公司）、青少年館附近綠地（府後街）
2. 清華大學、交通大學、新竹高中、培英國中、新竹國小、東園國小

3.竹蓮寺、天公壇、城隍廟、關帝廟、地藏王廟、土地公廟、市區護城河、北門老街、大哥家（田美三街），二姐家（中央路）

4.大遠百、巨城、好市多、大潤發、新光三越及國賓飯店、新竹市影像博物館（原國民大戲院，昔日的「有樂館」）、東門城、市政府廣場、中央市場，東門市場

三、新竹郊區

1.南寮魚港、海埔新生地、新竹17公里海岸「看海公園」、古奇峰「恩主公廟」、何家園、新竹高鐵站、雙溪、高峰植物園

2.科學園區「靜心湖」及「全家商店」、金山寺

3.香山「慈濟新竹聯絡處」、青草湖、靈隱寺、十八尖山

四、鄰近外縣市（桃、竹、苗）

1.寶山的「寶山水庫」、「沙湖壢」；竹東的「飛鳳山」；五峰的「五指山」；竹北的「義民廟」、湖口的「老街」、新埔的「三聖宮」

2.峨眉的「獅頭山」、「六寮溪」、「藤坪山莊」、「天恩彌勒佛院」；北埔的「老街」

3.竹南的「后厝龍鳳宮」；大溪的「慈湖」；龍潭的「石門水庫」

4.苗栗縣頭屋鄉明德村的「明德水庫」、「法明寺」

五、附記（遠途，不常去，但印象深刻者）

1.台北市內湖區「彥希家」、「台北101大樓」

2.台中市「四哥家」、「台南擔仔麵——台中」

3.高雄市「佛光山」、「佛陀紀念館」

Ⅷ 母親三餐外曾喜歡的食物

一、糕點方面

銅鑼燒（義美）、紅豆麵包及吐司（RT亞特）、紅豆沙甜粽（鼎泰豐）、八寶飯（鼎泰豐）、水煮蛋糕（淵明）、竹塹餅及綠豆椪（新復珍）、蛋塔（肯德基）、紅豆餅（炳珍嫂）、艾立蛋糕（Elly Family，彥希買回）、綠豆松子椪（黎記，彥廷買回）、德國HARIBO軟糖、森永牛奶糖、哈密瓜糖（北海道）、炸年糕。

二、水果方面

奇異果、木瓜、香蕉、枇杷、釋迦果、櫻桃、鳳梨、草莓、荔枝（玉荷包）、日本柿子乾、筆柿乾、榴槤、火龍果。

三、肉品方面

七里香（雞尾椎）、梅乾扣肉、生腸、橙汁排骨、滷豬腳、港式燒鵝（台中）、烤羊小排（彭園）、紅燒控肉、東坡肉。

四、海鮮方面

鱈魚煎、紅燒醋溜魚、鮑魚、烏魚子、帝王蟹、生海膽配山藥切絲（天竹園）、生魚片蓋飯（鮪魚＋鮭魚＋海膽＋蔥薑）、鮭魚生魚片、櫻花蝦生魚片、生海膽手卷、花壽司、魚刺、金錢蝦餅。

五、其他方面（註：母親多年來，其實已以素食為主）

紅豆湯圓（北門街）、古早味碗粿（西門街富記）、豆漿配燒餅油條（東山街「燒餅屋」）、味噌湯、蕃薯葉、烏龍麵（學府路）、小籠包（鼎泰豐）、當歸鴨麵（南門街）、魚皮白菜滷、黏錢文菜（母親配方）、味全布丁、芝麻湯圓（桂冠）。

我請母親至高峰路何家園庭園餐廳吃飯

母親與我攝於竹科靜心湖畔景觀庭園

母親和我於南寮漁港廣場留影

母親攝於青草湖鳳凰橋前（早年曾有部電影在此拍攝）

母親造訪昔時西大路老家鄰居——石記魚丸

母親於昔日西大路老家附近興學街上留影

母親在Costco新竹店留影

母親與我在中正路美乃斯附近隨性而坐，吃起義美冰淇淋

▍母親與我在新竹中學辛志平校長紀念碑前留影

▍母親與我於沙湖壢咖啡館室外庭園合影

▌母親與我於湖口老街小吃店吃點心——客家湯圓

▌我與母親於護城河畔草坪步道合影（府後街RT店附近）

母親與我於新竹大遠百內專櫃區合影

母親與我攝於新竹市十七公里海岸風景區

我與母親攝於清大梅園的梅花欉樹下

母親於當年我在竹科工業東四路的辦公室留影，坐在我的位置頗有氣派

母親和我在護城河畔（文化街段）散步

陪同母親在護城河畔散步（RT府後店附近）

▍母親在“中正台”（昔日新竹有名的市中心鬧區）留影

▍母親與我在東門城留影（迎曦門夜景）

母親與我在新竹市府廣場前留影（夜景）

母親和我攝於竹科靜心湖中的小島上

陪同母親觀賞竹科園區內盛開的香港櫻花

陪同母親造訪昔日西大路老家（於西大路及興學街交口）

陪同母親造訪昔日西大路老家（於西大路及興學街交口，後有“丸竹”化妝品招牌）

與母親在西大路193號老家門前合影（母親說此處是我的出生地）

▌陪同母親造訪昔日西大路老家（於興中街上，後為新竹國小）

▌陪同母親造訪昔日西大路老家（於兒時河邊之小巷）

陪同母親造訪昔日西大路老家（於新竹國小校門口）

母親與我攝於沙湖壢咖啡館附近吊橋前

▍母親與我攝於沙湖壢咖啡館

▍母親與我攝於沙湖壢咖啡館室外庭園

母親於青草湖之于飛島上留影

我帶母親至獅頭山獅尾六寮古道散步

母親於新竹市十七公里海岸線路旁觀海

母親和我攝於新竹市寶山路的高峰植物園

母親與我攝於青草湖畔往于飛橋的步道

母親與我於清大寄梅亭（湖心亭）合影

母親與我於清大克恭橋前合影

母親與我在新竹中學操場留影

母親與我在培英國中操場留影

母親昔日坐在我位於竹科力行六路的辦公室留影，很有氣派

我和母親攝於高鐵新竹站

母親在大同路新大同飲食店吃麵

母親與我攝於竹科靜心湖中的小島上

假日我經常帶母親至竹科靜心湖畔景觀庭園，與她的老友聊天

▍母親於大潤發忠孝店榴槤攤前留影（她喜歡吃榴槤）

▍母親和我與在竹科靜心湖畔認識的陳老太太（小母親5歲）母子合影

母親和我於新竹巨城百貨之親子遊樂區合影

母親和我於新竹巨城百貨之大廳合影

母親與我合影於竹科靜心湖畔景觀庭園的蓮花池

母親在竹科靜心湖畔景觀庭園的蓮花池把玩蓮蓬

母親在竹科靜心湖畔，心情愉悅地抱著一棵巨木

我與母親在青草湖，於湖畔之石碑前合影

我請母親在竹北星巴克用餐，嚐嚐不同口味，她很能接受

母親和我攝於竹科探索館附近之辦公室門前

陪母親逛“中正台”（昔日新竹有名的市中心鬧區）

母親在南門街“當歸鴨”小吃店吃當歸麵線

母親攝於中央市場入口（當年是個生意鼎盛的市場）

母親說她孩提時住在石坊街附近

母親與我於府後街，青少年館旁百年老樟樹前合影

母親攝於府後街，青少年館旁之百年老麵包樹前

母親和我攝於府後街之青少年館旁的
老榕樹下

▌母親攝於新竹市美術館前

▌母親於東門（迎曦門）城前留影

▌母親攝於北門新復珍百年餅舖內

▌我陪伴母親逛公園、體育館、及附近之假日花市

母親參觀我位於竹科探索館旁的辦公室

母親坐在我位於竹科拓展館旁時之辦公室沙發上

▍母親攝於新竹玻璃工藝博物館前

▍母親於公園麗池畔與大型鴛鴦合影

▍母親攝於新竹市護城河畔（RT府後店附近）

母親與我步行至巨城百貨途中，經三民路隆恩圳之小橋上留影

母親與我於巨城百貨前留影

母親攝於竹科靜心湖畔之蓮花池，蓮花正盛開

母親和我在關新路的辦公室合影

我與母親在青草湖之紀念碑前合影（年屆百歲高齡的她很辛苦地登上了此碑，令我萬分佩服）

陪母親逛青草湖，於階梯前留影（階梯上面有紀念碑）

母親與我攝於新竹國賓飯店大廳

母親與我逛位於公道五路之世博台灣館

母親與我在公道五路世博台灣館，春水堂餐廳用餐後留影

我與母親逛大潤發量販店（忠孝店），購買她要用的手套

竹科靜心湖畔的步道上，我與母親合影

母親攝於竹科靜心湖畔之步道上

我陪同母親至玻璃工藝博物館旁側之櫻花園賞花

我帶母親逛新竹市立動物園，於門前留影

▍母親與我攝於南門街上，後面有聞名的老店－當歸鴨小吃店

▍母親於市區老市場——中央市場入口留影

▌我和母親於竹科靜心湖畔全家商店吃冰淇淋

▌母親攝於慈濟新竹聯絡處之靜思堂（新竹香山）

▌母親和我於慈濟新竹聯絡處之靜思堂前留影

母親與我於關新路太極風雅店前合影

母親與我於關新路日光公園附近留影

母親與我於關新路麥當勞用餐後門前留影

太極風雅店開張時，母親特地來捧場

母親和我攝於府後街之青少年館旁的草坪公園

母親於新竹影像博物館（原國民大戲院）內與老明星照——金玫合影

我親自推著母親在東門城（迎曦門）附近逛街

我陪伴母親至南寮漁港直銷中心買吻仔魚

▌母親與我在大潤發忠孝店水果攤前合影

▌母親與我於麗池公園之玻璃藝品店留影

第六篇

後記與追思

後記——媽，兒好想您！
推薦序——母慈子孝
岳母追思文
母親追思文
阿嬤追思文
一位教導我生命真正意義的人
THE PERSON WHO TAUGHT ME THE TRUE MEANING OF LIFE

附錄一　榮獲「第四屆海峽兩岸漂母杯散文詩歌大賽」（散文組第三名）得獎之作：《再老還是母親的小小孩》
附錄二　母親創立的教育基金會
附錄三　記憶金庫——思母情懷舊照

後記——媽，兒好想您！

褚宗堯

本書付梓之後，在尚未及於正式出版之前，卻發生了有生以來最令我悲慟的事——年前十二月二十七日〈星期日〉（農曆十一月十七日〈阿彌陀佛佛誕日〉）午後三時五十五分左右，我最深愛的母親於新竹馬偕醫院仙逝了。

這件事對我來說，真有如晴天霹靂。因為母親雖然高齡百歲，然而，在此之前的她，依然健康如常且無恙，只是行動遲緩些罷了。直到十一月二十三日〈星期一〉的晚間八時半左右，她拄著助行器於家中餐廳不慎跌倒，在牀上臥躺了將近半個月左右。隨後，卻因感冒導致輕度肺炎而於十二月十二日（星期六）住院。

沒想到，竟然未能治癒而辭世。從住院到離開我們，短短半個月的時間，事發之突然，讓我幾乎無法接受與相信這個事實，更令我有生以來第一次深深感受到，生命無常的切身之痛。

想到以往所接觸的，都是別人家父母的傷痛，雖然也會為之難過，但，畢竟關係隔了一層。而如今，要面對的卻是與我最深愛母親的別離，那已不只是難過可以言喻了，事實上，我幾乎是悲慟欲絕！

這一生中，我從未有過如此的傷心、難過、與悲慟。因為，我失去的不是別人，而是我最敬愛、最深愛的母親，是對我一輩子無始無邊以及無怨無悔的生我、鞠我、長我、育我、顧我、度我……的永遠永遠的母親。

似乎才是昨天的事，我和她朝夕相處、晨昏定省；然而，此時此刻，我卻再也無法見到她老人家的慈眉善目了。那既熟悉又極其慈祥的眼神以及溫馨無比的笑容，突然之間，消失於她的臥室、客廳、餐廳、與家中的每一個角落。

我望著沒有她的身影的床鋪，以及空蕩蕩的臥室。曾經，是我那麼熟悉的房間，而如今，卻落得如此地靜謐與陌生。啊！我親愛的母親，您在哪裡？我好想好想您！………

突然間，我的心坎深處浮起了那首極為傷感的老歌《母親您在何方》，哀慟的思緒情不自禁地隨著歌詞而上下波起：

「雁陣兒飛來飛去白雲裡，經過那萬里，可曾看仔細？雁兒呀我想問你，我的母親可有消息？

秋風哪吹得楓葉亂飄盪，噓寒呀問暖缺少那親娘。母親呀我要問您，天涯茫茫您在何方？

明知道那黃泉難歸，我們仍在癡心等待。我的母親呀等著您，等著您等您入夢來。

兒時的情景似夢般依稀，母愛的溫暖永難忘記。母親呀我真想您，恨不能夠時光倒移。」

這首旋律動人卻極其傷感的老歌，傾訴了一位人子對那已逝母親無盡的思念之情。長久以來，我忌諱唱它，也不敢唱它。而如今，如今，我的思母之情，我對母親的諸多緬懷，有如排山倒海地湧現出來而無法自已…………。

雖然，母親她老人家走得非常的安詳與寧靜，幾乎完全沒有痛苦，就像是睡著了一樣。連醫院的主治醫生都說，母親必定是一個很有修養而且很有福報的人。因為，母親從住院到往生的整整十五天中，幾乎沒有呻吟、沒有掙扎，甚至講話時仍然斯文有禮。……她老人家，只是靜悄悄地走了。…………

這點，也許我該為她老人家感到欣慰，然而，不知怎地，我卻始終難以釋懷。因為，每想到這個我多年以來，每天晨昏定省、朝夕親近相處的老母親，卻幾乎是一夕之間，竟然天人永隔而再也看不到她時……，我又如何能夠釋懷呢？

我真的是難以接受這樣的事實，內心的悲痛、不捨、與難過，更是筆墨所難以形容。自小至今，我從來不曾有如此的心痛過，我的心就像是被一把尖銳的利刃劃過似的痛……。

沒想到，在我為母親而寫的三本專書中，必定再三提醒自己的千古名言：「樹欲靜而風不止，子欲養而親不待」，竟然也發生在我的身上。也許稍稍得以安慰的是，所幸，多年來，我早已及時為母親行孝在先，也才不至於有太大的遺憾。

尤其，令我較感慰藉的是，年前十二月二十二日（星期二）冬至的早晨，我從家中與妻一齊敬拜觀世音菩薩的湯圓中，取了一顆紅湯圓以及兩顆白湯圓，外加上些許的甜湯，忽忽趕至新竹馬偕醫院，準備送給臥躺在床上的母親吃。

我先餵母親一小口甜湯，隨即切一小片紅湯圓放在母親的嘴裡，然後，在她的耳邊輕輕地說到：

「媽，今天是冬至，您剛才吃了湯圓，依照我們的習俗，您就已經是正式一百歲了，恭喜您喔！」

頓時，母親的眼角流下了些許淚絲，不過，她的嘴角卻露出了近日來難得的笑容，並對我貌似感激的點了點頭。我當然知道母親的意思，照顧她這麼多年了，朝夕相處，我們母子連心，我完全讀得出她老人家內心的思緒。她是在感謝我一直以來對她的貼心與無微不至的照顧，即便是住院這個時刻，我還會想到從家中帶湯圓來幫她老人家過冬至呢！

後來，證明了我對母親的貼心與細心是對的。因為，就在冬至後的五天，沒想到母親竟然永遠永遠的離開了我……………。

我當然既難過又不捨，但是，我還是要感恩佛菩薩對我的厚待。因為，在母親一生中最需要人照顧的最後一個多月中，我一直日夜在母親的身旁陪伴著她，尤其是在她住院的半個月中，我有幸能夠早晚隨侍在她的身旁，並多次非常真誠的對她老人家說：

「媽，請您放心，別擔心您的病情，我會一直在身邊耐性地陪您走下去的。」

她以一種慈祥、柔弱但對我信任十足的眼神凝視著我，同時，嘴角露出了一絲淺顯的微笑。我們母子連心，我當然知道，母親此時的微笑傳達了對我完全的相信以及無限的欣慰之意；此情此景，是我一生一世都無法忘懷的……。

我永遠忘不了她往生前的那一個晚上，我徹夜未眠地在病牀旁陪伴著她老人家。由於情況並沒有好轉，護士整夜頻頻進出。我守著母親，為她祈求佛菩薩加持，並時而鼓勵她，時而安慰她，為她老人家打氣，………，雖然，………母親終究還是走了………。

也許，能夠讓我稍覺慰藉的是，母親生命中的最後一個晚上到她往生之前，在她生命中最感無助與最需要親人陪伴時，我一直隨侍在她的身邊………。尤其，在第二天下午三時五十五分前後，我難過又不捨地眼看著她老人家嚥下了最後一口氣………，同時，我親手為她輕輕合攏並撫平她微啟的嘴角………。然後，帶動著家人們在她的身旁助念「阿彌陀佛」，祈求阿彌陀佛接引母親往生西方極樂世界。

我在想，作為一個人子，尤其像我這樣與母親緣份特別深濃的么兒，在母親生命中的最後時程，我有幸能夠一直隨侍在側地為她老人家盡心與服侍，這絕對是我的無上榮幸，更是我的偌大福報。也因為如此，才讓我的不捨之情與遺憾之感，不致於崩潰；才讓我的哀痛與思念之切，得到些許的慰藉。

只是，不知怎地，直到今天，我內心的不捨與哀傷之情，卻始終還是如影隨形地揮之不去………？

「媽，您知道嗎？我還有好多話想對您說，也還有好多事要和您一齊做呢！而如今，您卻已……。」

雖然，不諱言地說，多年來，我在孝順母親的盡心與盡力，就如同本書幾篇序文所言，也是兄姐們及親友們所一致肯定的。換言之，我本該無所愧憾且心安理得的。然而，儘管如此，我依然悲痛不已。因為，我和母親之間母子情緣之深濃，無論是她對我的「舐犢情深」，或是我對她老人家的「孺慕之情」，是他人所難以全然了解與體悟的。

這些日子以來，我經常失神、落寞與情不禁地流淚………，尤其是在夜闌人靜之時，我常會思念起我親愛的母親………，不知怎地，我就是無法不想她………。

啊！那首歌，那首我曾經忌唱已久的傷感老歌——

「……母親呀我要問您，天涯茫茫您在何方？……」

「……明知道那黃泉難歸，我們仍在癡心等待。……」

「……我的母親呀等著您，等著您等您入夢來。……」

「……母親呀我真想您，恨不能夠時光倒移。……」

寫到此，我早已淚流滿面。思母、念母之殷切，令我提筆有如千斤之重，而無法續筆，更是難以止哀………。

午夜時分，我常望著窗外對岸那燈火闌珊的十八尖山，想起了，昔時母親曾經多次對我說過的話：「阿堯，那景色像極了我年輕時，和你三舅到基隆所看到的九份金仔山，好熱鬧、好漂亮」。以往，經常夜晚時刻，我在家中陽台陪伴著母親觀望對面十八尖山夜景時，她常會這麼對我說。

而如今，如今啊，那斯景依舊，而故人卻已矣！………。

我真的……真的再也寫不下去了，………。

啊！媽，……您知道嗎？此刻，兒好想……好想您！………」

兒　宗堯　敬上

民國一〇五年二月十三日

七七　四十九日

我最敬愛與最深愛的母親，她是我永遠的母親，也是我永生的導師

傍晚時，我常陪伴母親於家中陽台觀賞十八尖山夜景（母親說很像她年輕時所看到的九份金山夜景）

母親平常喜歡坐在家中陽台，觀賞對面十八尖山山景及樓下的東園國小校園（當年我人在國外，是她幫我下定買了這間很棒的住宅）

母親雖然離開我了，但她的房間我依然保持原樣。只是睹物思人，讓我好想念…好想念她老人家

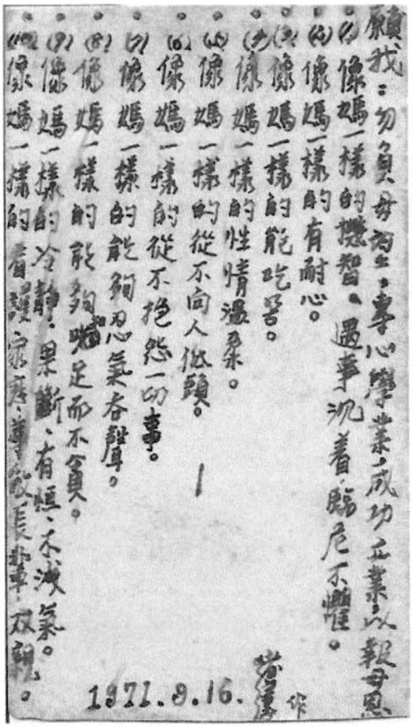

願我：勿負母望，專心學業，成功立業以報母恩。
(1) 像媽一樣的機智、遇事沉着、臨危不懼。
(2) 像媽一樣的有耐心。
(3) 像媽一樣的能吃苦。
(4) 像媽一樣的性情溫柔。
(5) 像媽一樣的從不向人低頭。
(6) 像媽一樣的從不抱怨一切事。
(7) 像媽一樣的能夠忍氣吞聲。
(8) 像媽一樣的能夠知足而不貪。
(9) 像媽一樣的冷靜、果斷、有恆、不洩氣。
(10) 像媽一樣的看護家庭、尊敬長輩、孝順雙親。

1971.8.16. [illegible] 作

早年我念台大二年級時“以母為範之十願”手稿，我有努力去實踐

早年我念台大時，與母親於校園醉月湖畔留影

▌母親雖然離開我了，過年我依然給她紅包並放在她的枕頭下。上面寫著：敬祝母親大人順利往生西方極樂世界、修佛成佛！並向她稟告這些錢會以她老人家的名義去做善事。

▌昔日母親曾經誇講我是智慧孝子的手稿，上面寫著：宗堯，你是媽的智慧孝子，你知我知——以外不要說。

母親年輕時氣質高雅、眉清目秀（母親和父親的結婚照）

母親和父親結婚時與長輩及家人合照

母親年輕時與家人及親戚之珍貴舊照

母親年輕時與姑媽及親戚之珍貴舊照

▌早期母親（左一）和四位姑媽的合照

▌孩提時，母親經常帶我們至新竹市郊野餐

二七 遊子的心聲（二）
國語乙班
教師：蕭彩鑾 01 10 15
姓名：豬林貴 【96】

遊子吟
慈母手中線，遊子身上衣。
臨行密密縫，意恐遲遲歸。
誰言寸草心，報得三春暉。

報答 微弱 揭曉 辭別 破損
孟郊 縣尉 傳頌 擔心 牢記

母親年屆百歲高齡的親筆真跡（整理她的抽屜時才發現，她老人家活到老學到老，真不愧為秀才之後）

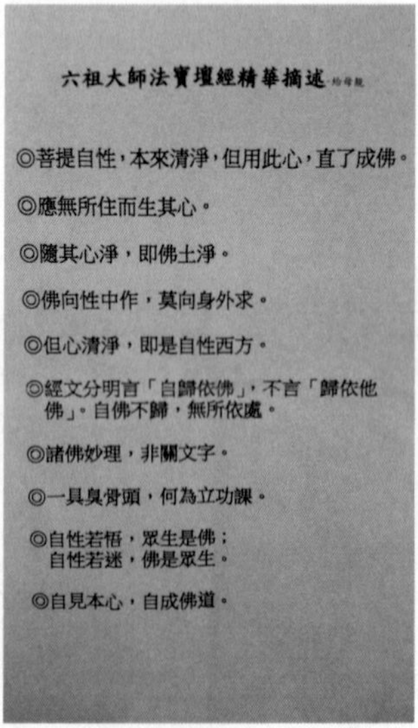
六祖大師法寶壇經精華摘述

◎菩提自性，本來清淨，但用此心，直了成佛。

◎應無所住而生其心。

◎隨其心淨，即佛土淨。

◎佛向性中作，莫向身外求。

◎但心清淨，即是自性西方。

◎經文分明言「自歸依佛」，不言「歸依他佛」。自佛不歸，無所依處。

◎諸佛妙理，非關文字。

◎一具臭骨頭，何為立功課。

◎自性若悟，眾生是佛；
自性若迷，佛是眾生。

◎自見本心，自成佛道。

我特地為母親整理的六祖壇經十句精華摘述，並請母親能經常敬誦，六祖慧能大師會加持保佑她

推薦序——母慈子孝

包宗和

今年元旦接獲宗堯兄來訊，得知褚伯母日前以百歲高齡仙逝，當即決定偕同內子趕赴新竹靈前上香，除略盡晚輩心意外，也盼能藉此稍撫摯友傷痛之情。

在我的心目中，宗堯兄是一位至情至性的孝子，他曾先後出過《話我九五老母——花甲么兒永遠的母親》及《母親，慢慢來，我會等您》這兩本孝親文牘，並以《母愛，愛母》一文榮獲聯合文學「第四屆海峽兩岸漂母杯散文詩歌大賽」散文組三等獎。

如今即將出第三本《母親，請您慢慢老》一書，並囑我為之作序。宗堯兄對母親的孺慕之情，在這三書一文中一覽無遺。而第三本書聲聲呼喚慈母要慢慢老，盼能多些時日承歡膝下，以全孝道，令人動容。惟褚伯母終究捨摯愛她的子女遠去，宗堯兄內心悲痛，可想而知。

褚伯母與宗堯兄間可以用四個字來形容，即「母慈子孝」。褚伯母深具睿智，為人豁達，處事圓融，體恤他人，並在宗堯兄盛邀下共同成立了「財團法人褚林貴教育基金會」。提攜後進，熱心助人，卻往往低調行事，為善不欲人知，凡此淑德懿行，堪為典範，也成就了子女的傑出表現。

宗堯兄秉性忠良，敦厚樸實，令我印象深刻的事親孝行呈現在幾個方面。首先，他深切體會母親撫養子女的辛勞，以用功讀書，發憤圖強來報答親恩，實踐母親的期許。迨功成名就，不但沒有忘記母親的恩澤，反而更加珍惜回饋母親的機會，以陪伴出國旅遊，接母安居奉養來反哺報恩，並在花甲之年效老萊子「彩衣娛親」的故事，盡量討母親歡心。

宗堯兄的報恩不只侷限在物質層次，更以耐心、同理心及順從來獲取母親精神層面的滿足。古人言「色難」，宗堯兄做到了。更難得的是宗堯兄以其性情中人的情懷，細膩的觀察，敏銳的筆觸，記下了母親生活上的點點滴滴，這當中有著濃濃的親子之情，散見在遊記、札記及抒情文中，為雲煙過往注入了多少令人難忘的回憶，可供思念咀嚼，也成為發揚孝道的楷模。

宗堯兄和母親相處的感人事蹟，在「世風日下，人心不古」的今天，提供了難得的啟示。俗話說「百善孝為先」，這個社會若能有更多像宗堯兄這樣的孝子，知道感恩圖報，知道飲水思源，知道行孝及時，知道曲意承歡，知道化母愛為助人之大愛，則何憂正道之不行。記得有句話說，「癡心父母古來多，孝順兒孫誰見了」，然而，我從宗堯兄身上看到了什麼是「孝」。

如今褚伯母福壽全歸，放下了心愛的子女，宗堯兄這本《母親，請您慢慢老》也成了孝子呼喚慈母的紀念文札。有么兒若此，褚伯母走得了無遺憾！而宗堯兄能善盡人子之道，奉養老母天年，把握了「子欲養而親待之」的寶貴時光，享受了天賜報答母親之珍貴福份，也可以說是此生無憾了。

民國一〇五年元月

包宗和　於　台北

宗和兄賢伉儷（右兩位）於家中客廳與母親合影

岳母追思文

涂光敷

岳母褚媽林貴老大人千古
含辛茹苦教養子女不負期許
堅苦卓絕砥礪志行四兒有成

愚婿 涂光敷 拜輓
民國一〇五年元月十日 於懷德廳

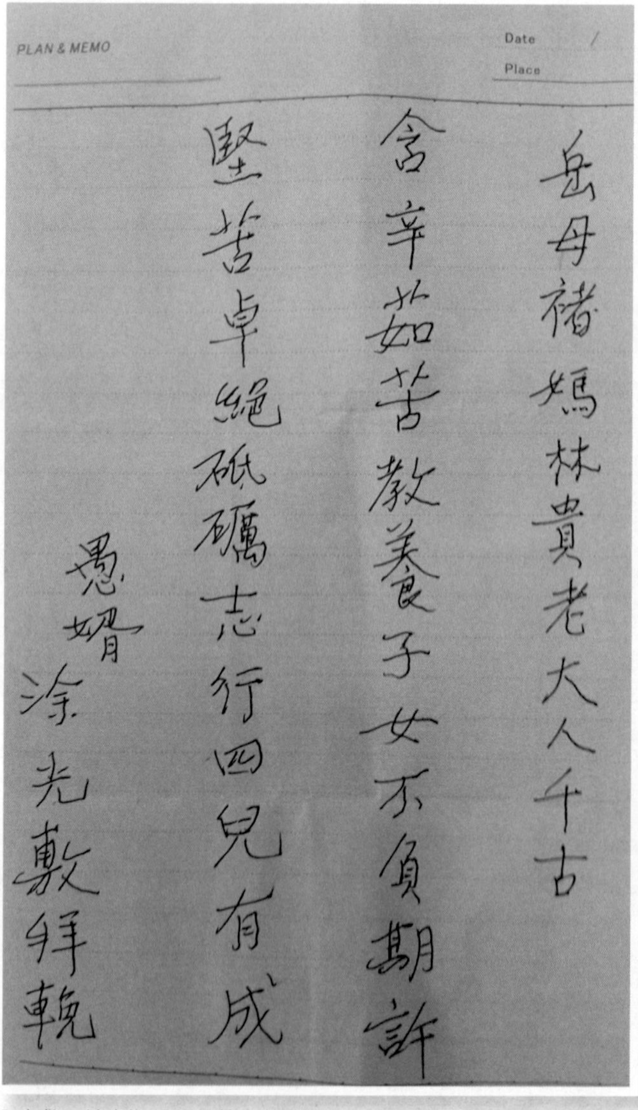

PLAN & MEMO
Date /
Place

岳母褚媽林貴老大人千古
含辛茹苦教養子女不負期許
堅苦卓絕砥礪志行四兒有成
愚婿
涂光敷拜輓

光敷二姊夫為母親親筆之輓聯

當年光敷二姊夫與二姊結婚時的全家福合照

母親與光敷二姊夫於五指山名人養生餐廳，在室外庭園聊天

母親追思文

褚煜夫

媽，在您一百年的生命歷程中，我何其有幸，能陪伴您幾近八十年！

在一貧如洗、三餐不繼的環境裡，您沒有把我送去當木工、泥水匠，力排眾議，百般辛苦，供我去讀書升學。

粉筆生涯四十年，我很榮幸，被大家尊稱為「名師」，其實沒有媽當年的堅持、睿智，那有今天的我。媽，這份榮耀應該歸您！

四年前我罹患重病，九十六歲高齡的您，在一張紅紙袋上用原子筆寫下這樣一篇短文：「煜夫，你是媽寶貝的長子，因為有你的助持，才有能振興褚家的家道。謝謝你和玉英，也祝你的身體早日順安康復。」短短不到五十個字，字跡娟秀，情真意切。我每每拿出來再三展讀，都愛不釋手、感動不已。

媽，我知道您很疼我，對我的期望也最殷切，在您英明嚴峻的教導下，我也知所上進，克盡所能的完成您給我的使命，讓您在親朋鄉里之間可以抬頭挺胸、風光得意！

媽，言有窮，而情不盡。您這輩子對我的愛、對我的好，我都貯藏在心，會慢慢去咀嚼、慢慢去反芻。媽您累了，安息吧！我會永遠的想念您！

兒　煜夫　敬上

民國一〇五年元月十日　於懷德廳

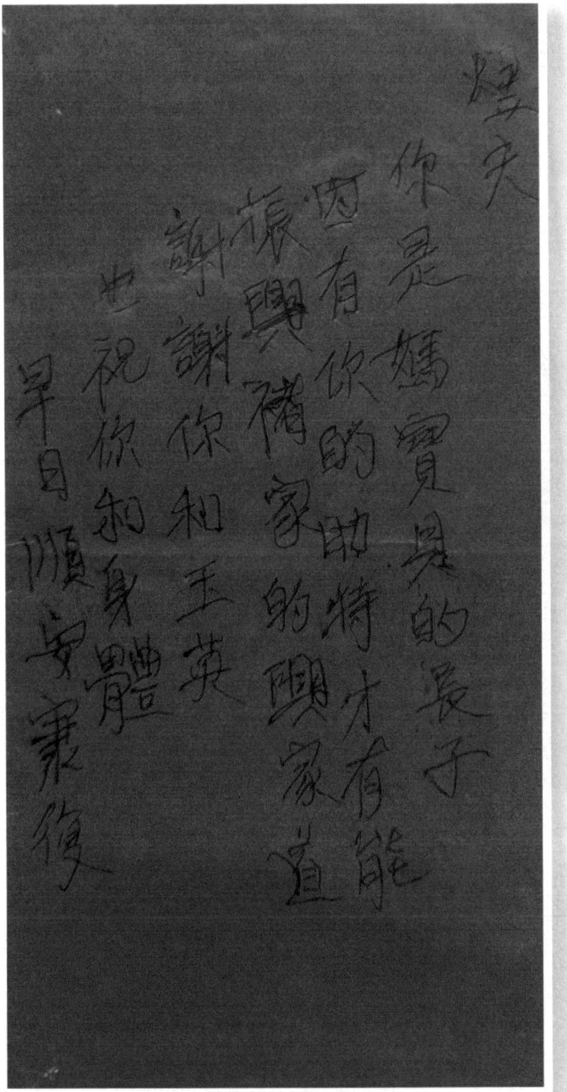

煜夫
你是媽寶貝的長子
因有你的助特才有能
振興褚家的興家道
謝謝你和玉英
也祝你和身體
早日順安康復

▍煜夫大哥生病時，母親親筆寫給他的慰問函

早年母親和父親與心愛的子女們的珍貴合照

阿嬤追思文

褚彥希

阿嬤！我最親愛的阿嬤！怎麼也想不到就在我最辛苦的這一年，竟然也失去了從小一起伴著我長大的阿嬤。這世上，瞬間少了一個疼愛我的人。

曾經，只要一踏入家門就能看到一張慈祥又和藹的笑顏等待著我。好想念您那一雙厚實又溫暖的大手，總是緊握著我的手，聲聲叮嚀我要吃飽一點，穿暖一點。這些日常的關心，就是阿嬤心心念念對在外生活的我們的關懷。而今，我們雖然再也聽不到了，然而，阿嬤的關心，會常留我心。

阿嬤！我最親愛的阿嬤！謝謝您陪伴我這麼久。參與了我人生中每個重要的時刻！我的出生，我的童年，我的大學畢業典禮，我的訂婚，我的寶貝羿愷和羿捷的出生。

然而，最遺憾的是，您因為身體不適沒有參加到我的婚禮。不過，很棒的是，您有參加到彥廷的婚禮，還盼到了彥廷的寶貝展展的出生。所以，您偷偷跟我和彥廷所說的心願，說您想看到我們的小孩出生，我們都很努力做到了喔！

阿嬤！我最親愛的阿嬤！我怎麼這麼想念您？最近常常任由過去的記憶湧現在腦海中，任由眼淚不聽使喚的留下。

我還記得很小很小時，您常常下午帶著我去朋友家串門子，一聊就聊很久，每次聽著聽著我就沉沉睡著，但我很安心，因為我知道阿嬤會抱我回家；還記得國小時，我數學考不好被打，怕痛得我一直躲在阿嬤身後，阿嬤就一直擋在棍子前勸著，為了就是讓我被少打幾下；還有，以前叛逆不聽話被打，自己關在房間裡大哭，哭得唏哩嘩啦，過會兒，阿嬤就會開門進來安慰我，摸著我的頭說：「憨孫，要聽話，會痛嗎？乖，不要壞脾氣。」

阿嬤！我最親愛的阿嬤！我會永遠記得您。您離去的那天，我輕輕握著您的手，撫著我的臉，就像過去我難過時您安慰我一樣，最後一次，但我會永遠記得這大手的溫暖，和阿嬤對我的疼愛與照顧。阿嬤，謝謝您陪伴我們的這些年，我們永遠愛您！

孫女　彥希　敬上

民國一〇五年元月十日　於懷德廳

▌孫女彥希思念阿嬤的作品——我親愛的阿嬤

▌女兒彥希文定時，向阿嬤撒嬌的珍貴照片

女兒彥希文定時，在煙波飯店與阿嬤及全家福的珍貴合照

兒子彥廷結婚時，在家中與阿嬤及外婆合照的珍貴照片

兒子彥廷結婚時，在家中與阿嬤及全家福的珍貴合照

一位教導我生命真正意義的人

瑞塔Leta

生命不像物品、權力、程序、專業和其他可感知之物，能夠被人擁有。生命是有關個人在這趟人間之旅中，如何面對、接受和對抗各種狀況和難題的經歷。一個人若能以積極的態度面對生命，就懂得感謝神，生活將快樂而滿足。

這個故事訴說我所照顧的長者，永遠美麗動人的阿嬤（Ama），身為個人、妻子和十個孩子的母親所面對的生命挑戰。已高齡百歲的阿嬤總是不厭其煩的告訴我她的生命故事，而我也總是熱切聆聽，因為每個故事都賦予我繼續自己人生的力量。她賜予我智慧，開啟我的智性與心靈之扉，至今我仍為自己能擁有這一切而深感幸福。

每個人都有屬於自己無法預知的命運，但阿嬤告訴我，所有人都有責任面對自己的命運。這關乎勇氣、紀律、智慧、毅力、耐心、努力和對上帝的信心。永遠將焦點放在我們所擁有的，滿懷感激並全力以赴，勿空想不屬於自己的一切，避免沈溺於貪慾之中。她總是告訴我，當時機成熟時努力就會有收穫，所以我們要耐心等待；只要盡力就能享受甜美的果實。

我的名字是Violeta Abero Lugtu，大家稱我為瑞塔-Leta。時間回到2007年3月12日，當時我人在菲律賓，正計畫前往台南縣，為照顧一位老夫人的工作接受臺灣雇主的面試。2007年3月10日是我34歲的生日，前一晚我向神祈禱，我的生日願望是希望能找到好雇主，因為這是我第一次到國外工作。

以往我從未想過至國外工作，因為我從電視上看到許多消息，很多外國工作者受到雇主虐待，有的人被強暴、痛毆，或是為了保障自己的權利而入獄，甚至有人失去生命。到國外工作是我迫不得已的選擇，身為二位孩子的母親，我害怕必須離開我的孩子，也不想獨自面對許多未知的挑戰；但我當時的生活處境相當艱困。我已任職於一家菲律賓公司近十年，但少得可憐的薪水卻不足以應付開銷日漸龐大的家庭，因此我決定申請來臺灣擔任看護。

在生日前一晚，我祈禱後入睡。2007年3月11日早上大約10點左右，馬尼拉力通國際開發公司底下的Synergy代辦處來電，要我去辦公室簽署合約，因為有一位褚宗堯先生打算聘用我。我猶豫著考慮是否該接受這份工作，因為我已同意於2007年3月12日接受另一位雇主面試。但我的雙親跟我說：「目前已經有人願意雇用妳了，就不需再等待。」所以我同意接受聘用並簽署合約，同時安排於2007年3月26日，搭乘早上9:45的班機前往臺灣。

我第一次踏上臺灣這塊土地，心中感到無比興奮。馬尼拉的人告訴我臺灣非常乾淨美麗，生活繁忙。我對自己即將面對的任務感到非常緊張，因為這與我在菲律賓從事的工作完全不同，當時我負責辦公室業務，不過，我在護理學校攻讀理學士學位時亦曾受過醫院照護訓練。當馬尼拉的人得知我的工作內容是負責照顧90歲高齡的老夫人時，都為我感到擔心，因為我們國家如此高齡的人口非常少。在我離開菲律賓前他們囑咐我，菲律賓和臺灣在文化與工作習性上皆不相同，因此務必保持微笑和友善的態度，將重心放在老夫人身上，因為她將會是我能否留在臺灣的關鍵。我收拾好自己的思緒和心情，跟他們說沒問題！我一定會盡力做好這份工作。

2007年3月27日，大約早上10:30左右我來到了臺灣新竹市綠水路雇主的家。這是個陰鬱濕冷的下雨天，我的雙手也冷冰冰的，當我搭上電梯時我真是緊張極了。進入屋內，我先看到了主人的太太、主人的兒子、和小狗Hockey。他們正在交談，但我不理解談話的內容。接著，阿嬤在無人陪同之下自己走來，向我們打過招呼後就和大家一同入座。

我感到相當震驚及訝異，這位90歲的長者不只行走自如，樣貌也相當美麗，看上去約莫70歲而已。在我之前的想像中，阿嬤應該非常年老瘦弱、臥病在床，已經無法行走或說話了，但事實顯然與我原本的想像大不相同。最後，我的雇主褚宗堯先生下班返家，他是當時家中能夠以英語和我溝通的人。所有手續處理完成也簽署完文件後，我的上班日就正式開始了。我感到無比開心，因為我來到一戶好人家，這比我在菲律賓從一些來過臺灣工作的人口中聽過的故事好太多了；當時我真的感到無比幸運。

日子一天天、一週週的過去了，剛開始對我而言實在很難適應，因為我不懂他們的語言，也不知道該如何開始我的工作，食物、口味、烹調方式也和我自己國家不同，對我而言一切都是新事物，都必須調適。我每晚都在哭，因為生活差異是如此巨大，而且我也很想念我的家人。數個月過去了，我依然還處在適應期，該是雇主家人做出決定，看是要把我送回菲律賓家鄉或是更換另一位外籍看護的時候了，因為我還是做不好自己的工作，也無法瞭解週遭的一切事物。我繼續祈禱著，希望自己能夠堅強起來。

但，有個人始終沒有放棄我，就是「阿嬤」褚林貴女士。她要褚先生給我學習的機會和時間，因為她知道我必須花許多錢才有機會來到臺灣工作。高齡90歲的她非常有耐心的盡力教我烹飪技巧，若我有不清楚的地方她就以手勢表達，讓我能瞭解她的意思。這樣的教學方法雖然相當逗趣，卻讓我有了學習的勇氣。阿嬤說服我閱讀中英字典，非常有耐心一字一句的教我。即使是洗衣服，她也會陪著我一起去工作室，並且教我無需使用太多肥皂的正確洗滌方式。因為菲律賓的氣候炎熱，所以我們習慣以肥皂殺菌和消除異味。一年的時光過去了，或許我不是每件事都能做到盡善盡美，但由於阿嬤的耐心及細心教導，我已能正確完成工作。

現在，每當我回想起待在褚家這段8年又6個月的歲月，總是覺得既驕傲又感激，感謝上帝讓我來到這個家庭，他們是我在臺灣的家人。家中的每個人，無論是阿嬤的兒子、女兒、媳婦、孫子或孫女，都有顆慈悲及溫暖的心，他們都是受到祝福的善良好人。因為他們有一位偉大且受人敬愛的母親──褚林貴女士，在人生的道路上，她總是行事公正，並且秉持著慈悲待人的大愛精神。

如同諺語所言：「芒果樹會結出豐碩的芒果果實。」（種瓜得瓜，種豆得豆）芒果樹不會長出橘子或葡萄，果樹只會長出自己品種的果實。阿嬤就是兒孫們最佳的言行典範，這就是阿嬤教導我的人生圭臬，要為自己的將來、子女們和子女未來的家庭立下良好的基業。

我們都是人，都不完美，也都有可能犯錯，有自己的缺點，有時會閃過不好的念頭，可能因此招致罪孽。偶爾，我可能也會情緒低落，對自己的人生感到厭倦，有時也曾想過辭職。許多事情注定無法改變，我們出生在這個充滿試煉和各種境遇的人世間，無法控制今日或明日的各種事件，亦無法保證一定能見到明日的太陽。

然而，阿嬤非常堅強，而且全心信奉神，她告訴我要多做善行，要寬恕、仁慈，接受自己的人生，並且瞭解和尊重他人的處境。因此當你面對神的時刻到來時，你可以跟神報告自己在世間的作為，以及自己為在人世的家庭播下了什麼種子。

在神的意志下，一切事物都有顯化的時刻；而天堂之下的人世間，每件事的發生皆有其原因或目的，而神對每個人也各有安排。這不禁讓我思考，神讓我遇見阿嬤，因為神對我的人生自有安排；祂讓阿嬤當我的指引人，以完成我身而為人之使命，天命或命運令我們彼此相連。

阿嬤無論在親友圈或朋友群中，都相當有名及受人歡迎。大家都景仰阿嬤驚人的年輕外貌，光滑細緻的皮膚，以及優雅的衣著談吐。阿嬤的舉止莊重體面，展現高級知識份子的優雅儀態。大家也都很訝異阿嬤能識得英文字母，因為像阿嬤這個年紀的長者往往沒有學習英文字母的機會，但由於阿嬤總是熱切學習新知，因而得以認識新的語言；她特別感謝曾經教過他英文字母的小孫女。此外，阿嬤直到85歲以後才開始學習畫畫和彈鋼琴，而且畫得很好也彈得不錯，也因為如此，朋友們都對她的學習能力大感驚奇。

阿嬤每天早上的例行活動是到交通大學散步運動，並與朋友們會面，而阿嬤的處事能力和善良心地使她大受朋友們歡迎；這也是阿嬤一貫秉持快樂健康的生活型態。

阿嬤從不把我當外人，她把我當成自己的孫女，無論我做什麼事總是讚美我或誇獎我。如果我們要外出，她總是希望我能打扮得體；她告訴我她不願見到我儀容不整，即使我是外籍工作者，她也希望別人能尊重我並以禮相待。每次我們外出她都會檢視我的衣著，如果覺得不是很滿意就會要我換另一套服裝。這讓我深感幸福！因為，阿嬤無條件的愛著我。

身為受僱者，我真的非常仰慕、尊敬我的雇主褚宗堯先生；他不只待人親切，就他的社會地位而言，很少人會如他這般用心地照顧母親。他竭盡其所能，讓阿嬤在這個年紀能夠保持最佳的健康狀態。多數現在的年輕人往往不重視老年人，他們之所以照顧上了年紀的父母，僅是出於義務和責任而已。年輕人認為他們的長輩反正年紀大了，也只能這樣。

然而，褚先生卻不這麼想。即使阿嬤年歲漸增，他仍盡全力讓她保持健康，他希望阿嬤能夠擁有快樂幸福的老年生活。也許有些人會誤解，認為他對阿嬤太過保護了，但我卻見證了他對母親無微不至的真愛。在褚先生年輕時，身為他母親的阿嬤辛苦拉拔子女們長大，為了讓子女有機會接受良好的教育和追求美好的生活而打拼，因此，現在的褚先生希望阿嬤能夠好好安享晚年，以回報當年母親對他的用心栽培與疼愛。

褚先生也同樣遺傳了阿嬤的善良心地，他瞭解窮人的困境，總是同情且關切他人，因此阿嬤和褚先生是神所賜予我的最好夥伴，他們引領我成為今日的自己。若沒有他們的仁慈、無盡的愛，以及對我處境的理解，我無法憑藉自己的力量，負起對子女和家庭的責任。他們如此盡心待我，讓我滿懷感激。我也要憑良心說，褚先生的家人、妻子、和子女，真的很幸運的能夠擁有褚先生這樣好的丈夫和父親。

然而，不幸的事卻發生了。2015年12月27日星期天，於下午大約3點55分左右，我最親愛的阿嬤褚林貴女士往生了。這是我人生中的巨大驟變；我從未預料，也無法接受這件事的發生。如此深切的苦痛讓我覺得對自己子女的所有夢想也隨之消逝，但出自於我對阿嬤的愛，我接受了她離世的事實，願她在平靜中安息。我或許有著自私的想法，希望阿嬤可以繼續留在我身邊，直到女兒從大學畢業，卻忽略了阿嬤已經100歲了，她對自己的身體感到疲倦和不適；而我還年輕，仍可以為子女的將來打拼。

阿嬤住院期間，我原本預計於2015年12月21日返家，並於2016年1月5日再回來續簽第四次合約。但命運自有安排，阿嬤因為肺炎而入院就醫，因此我決定取消班機，於聖誕節期間仍留在醫院陪阿嬤，而非返回家鄉陪伴我的家人。我做此決定是因為我知道阿嬤需要我，她當時病況不穩，在阿嬤身體不佳的情況下我無法放心返回菲律賓過聖誕節，因此我決定於2015年12月28日再返家和家人同慶新年。但就在聖誕夜這晚阿嬤高燒不退，體溫從38.7度飆升至39度，我感到憂心忡忡，不急著想回家。

2015年12月26號晚上，醫生向褚先生解釋阿嬤的狀況，我請褚先生留下來和我一起看顧阿嬤，因為我害怕即將發生的事。當晚徹夜未眠，我和褚先生一整晚都守在阿嬤身邊，看著阿嬤的體溫從40度上升到40.4度，血壓則下降至大約100/63-98/40。2015年12月27日清晨，護理長將褚先生請至病房外談話，跟他解釋阿嬤當時的狀態。我覺得萬分緊張，明日，2015年12月28日就是我飛回菲律賓的日子，不……我不要回家，我要陪在阿嬤身邊，直到她人生的最後一刻。因此我決定留下來，待到2015年1月2日，也就是工作簽證效期的最後一天。

我深感榮幸能有機會盡力照顧阿嬤，直到她嚥下最後一口氣。我深深感謝主耶穌，無論我們的人生遭遇何種情況，都是最完美的安排。也許我們無法當下立刻得知生命的計畫，但隨著時間經過，我們就能瞭解，生命中所發生的每件事皆有其因由。

九年來，我成為褚家的一份子，大家待我如阿嬤的孫女，我深深感激所有人，也非常羨慕大家相處的方式。大家還盡力幫我取得觀光簽證，讓我得以出席阿嬤的追悼會。首先我要感謝的人是雇主褚宗堯先生，以及他的兒子褚彥廷先生，還有盡力協助我取得觀光簽證的力通國際開發公司人員。雖然公司人員表示這項任務近乎不可能，但在我們的努力嘗試下依然辦到了。

我想這是阿嬤冥冥之中的幫助，她希望我能陪在她身旁到最後一刻，原本繁複的申請程序讓我們以為根本不可能辦得到，卻在二天內就取得簽證。因此在2016年1月8日這一天，身在臺灣的我見證了奇蹟的發生。我人生第一次有機會參加中國傳統追悼儀式，讓我體驗這個無比感動的時刻。這次的經驗將長駐我心，我永遠感謝阿嬤和褚家的家人們。

對於能成為褚家的一份子，我感到無比幸運，而語言不足以描述我的感受。從阿嬤到其長子和長媳，三子和三媳，四子和四媳；還有三位受人喜愛的女士，也就是阿嬤的二女兒、三女兒和四女兒，以及她們的先生；以及所有愛我，接受我，把我當作自己家人的阿嬤孫兒女們，感謝您們所有的人。

我要特別感謝我的雇主褚宗堯先生、以及他的夫人、兒子及媳婦與孫子、女兒及女婿與外孫，以及無條件愛著我的孩子們。他們接受我原本的樣子，原諒我所有的過錯，我深深感謝您們的愛與仁慈。

在臺灣工作的九年來我雖然沒有賺大錢，但我獲得了愛、尊重、瞭解，和人與人間的融洽相處，即使是與自己的家人我也未曾有過這麼美好的體驗。您們的愛是無可替代的，深深感謝您們，願全能榮耀上帝與您們同在，並在生命中的各階段保佑您們！

感謝褚家給予我滿滿的愛！！！

民國一〇五年元月

瑞塔Leta（Violeta Abero Lugtu）於　菲律賓

THE PERSON WHO TAUGHT ME THE TRUE MEANING OF LIFE

by Violeta Abero Lugtu

Life is not about of something that you have like material things, power, possession, profession and others. It's about on how you face, how you accept and how you fight the circumstances or problem that you've gone through of your life existence here on earth. If you face life in a positive way you will be grateful to God, you will be happy and contented.

This is how my patient, my beautiful and ever loving Ama face her challenges as a person, a wife and a mother of 10 At her present age of 100 years old, she never got tired of telling me her life story before and I never get tired of listening her story, because in every single story, she gave me the strength to go on with my life, she gave me the wisdom to open my mind and My heart that I'm still blessed In whatever I have right now than her before.

Each of us has her own destiny or fate, we don't know if it's good or bad. But Ama told me that facing our own destiny is our own responsibility. It is a matter of courage, discipline, wisdom, perseverance, patience, hard work and Faith in God. Always focus on the things that we have, be thankful and hard work for it, don't think of the things that we don't have, because it will cause you to become greed. She always told me that time comes to you to reap your hard work and good works we don't know when? But it will come as you do your best.

I am Violeta Abero Lugtu, they called Me Leta. It was March 12, 2007 in Philippines I was schedule for interview for a Taiwanese employer from Tainan County to take care of a grandmother. At the eve of march 10, 2007 my 34th birthday I was praying to God as my birthday wish to help me find a good employer because It will be my first time to work in different country. Before I never have in my mind to work in other country because I always watched news on T.V regarding many foreign worker being maltreated with their employers, some was raped, some was beaten, some was jailed for protecting their rights and some was died. Working in different country is the last thing on my mind, being a mother of two I am afraid of working as foreign worker because I will leave them and I will face many un-expected challenges in life with my own. But life seems so tough, I was working for almost 10 years in an office in the Philippines but pity of me, my salary is not enough for a growing family. So I have to decide to apply for Taiwan as caregiver.

On the eve of my birthday I prayed and I sleep. March 11, 2007 at around 10:00a.m Synergy agency under the Li Tung agency in manila called me that I have to go to their office to sign a contract because I have an employer named CHU TZONG YAU, I was hesitant to agree or accept the offer because I also have promise the other employer for interview on March 12, 2007. But my parents told me "why you have to wait to them, that now it's already in your hand, you have an employer". So I agree to them and sign the contract and scheduled to flight in Taiwan on March 26, 2007 at 9:45 a.m.

As a first timer I was so excited to see what is Taiwan, people in manila told me it was so clean and beautiful and have a busy life. Feel so nervous on the tasked that I will facing because this is different from what work I do in the Philippines, I work in an office and also I was trained in the hospital when I was studying my Bachelor of Science in Nursing course. When they know that I will take care of a 90 years old grandmother they are all worried for me, because that kind of age is seldom had in our country. They told me before I leave, our culture and attitude is different from them, always wear your beautiful smile and eyes. Keep your focus to the grandmother because she will be your key to stay there in Taiwan. I put in my mind and heart, and told them Yes! I will, I will do my very best to do the job.

March 27,2007 at around 10:30a.m I was send to Liuh shoei road shinchu city Taiwan R.O.C my hands feel cold because it's a gloomy rainy outside the weather is cold, I feel so nervous when we are at the elevator. When we first come-in to the house I first saw my Madam Aying, hockey the dog and Eason/alex. They are talking but I don't understand what they are saying, then next is Ama walking alone, no companion meet and greet us and sit with us. I was sooooooo, sooooo, shocked and amazed the 90 years old still walking and she is very beautiful and looks only 70 years old. I imagining before I never met her, she was too old, thin, laying in bed, can't walk or talk but my expectations failed. Then last my employer Chu Tzong Yau come home from his office, the only one who can speak English. Things are done, papers sign and start my working day. Happy so happy because I leave in a nice house better than the story I heard in the Philippines, from some foreign worker who also experienced to work here in Taiwan. I Feel so BLESSED indeed that time.

Days, weeks has passed, It's very hard day for me because I don't understand their language, I don't know how to start my work, their food is different from my country, the taste, the way they cooked and everything for me is new,full of adjustment. I always cry every night because life is so different and I miss my family. Months has passed still on adjustment period, they are about to decide to send me back home to Philippines and decide to change from another foreign worker, because I cannot do my job well and still un-capable to understand everything. I keep my prayer to help me get strong. But one person who never give-up on me, it was Chu Lin Quei "Ama" She told Sir thong to give me a chance and time to learn, because she knew that we spend lots of money to come and work here in Taiwan. At age of 90 she did her best to teach me how to cook patiently, if I don't understand she gives me a sign language so I know what she want's me to say. Very funny but it gives me the courage to learn, she force me to read the Chinese-english dictionary, she patiently teach me one by one and one at the time. Even laundry she have to go with me and teach me how to washed it correctly without using too much soap, because we in Philippines the weather is hot so we always use soap to avoid bacteria and odor. 1 year has passed I may not say I am good in everything, but I am capable to do my job correctly because of her patience of teaching.

Now as I walked to my 8 years and 6 months here in Chu family, I am so proud and always be grateful, thankful to the Lord for giving me this family as my family here in Taiwan. Everybody has a good heart, from Ama's son and daughter, the in-laws, the grandsons, and to her great grand childrens, they are all blessed with a good heart. Because it start with their great and loving Mother Chu Lin Quei, she start her life in correct and follow her heart of kindness. As what some saying "The mango tree, will bear a good mango fruit" it cannot be orange or grapes but it's the same fruits from the root of the tree. So Ama put the root of a good mother to a good childrens. That's the main point Ama want's me to live, to start planting a good root for my future, for my childrens and their family in the future.

We are all human, we are not perfect we can make mistakes, we can do faults, we may think bad and we can do sin. I can be angry, I may feel tired of my life, I may feel of quitting of my job. Things cannot be change because we are all born here on earth full of many trials and circumstances, we cannot control what will happen tomorrow or today. We may know if tomorrow we will still alive or not. But Ama is a very strong and her Faith to her God is full of determination, She told me to always do good things, forgive, be kind, accept the life that I have, understand other people's situation and respect them. So when the time you will be facing God you can be able to tell God what you did on earth, what kind of seed you plant to your family on earth.

There is a time for everything, and a seasons or purpose for everything here on earth under heaven, under God's will and His purpose to each of us. That makes me think that God gave me Ama because He has a purpose in my life, He use Ama to be my guide to complete me being a person, destiny or fate makes us connect.

Ama is very famous not only for her family but also to other persons like her old friends. They all admire Ama with her amazing young looking, the skin, the way she dress, the way she talked, she looks very respectful and decent, she looks very educated person. They all amazed at Ama that she can read the English alphabet ABC, because every old person like her they never had the opportunity to learn how to read the English alphabet ABC but because of her willingness and eagerness to learn something she did it and her thankfulness goes to her granddaughter Vivian who teach her how to read it. At age of 85 above she also learned how to paint, how to play piano, so her friends are all amazed with her.

It is not only with her qualities of doing something but her qualities of a good kind hearted women why she become popular to all her friends in the Chao Thung University, which our daily routine every morning to have a walking exercise and meet with her friends. Happy and Healthy lifestyle she always had.

Ama never treat me like other person, she treated me like her own granddaughter, she always have a good admiration or a good words in me, in everything I'm doing. If we go out she wants me to dress in a nice clothes she told me, that she don't like me to look not good, she wants me that people will treat me well and respect me even I'm a foreign worker. Everytime we go out she have to check what I wear, if it's not good for her she asked me to change another clothes. That what makes me BLESS! She loves me un-conditionally.

As an employee, I really admire, respect my employer Chu Thong Yau, with His good quality attitude seldom people like Him in His position will treat her mother like what he treated Ama and take good care of Ama in his best to keep Ama at her age to be strong and healthy. Now a days young people look down on old persons, if they are old they will just take good care of their parents as part of their duty and responsibility, they will always think they are old then let it be. But Sir Thong is different He do his best to make Ama healthy while aging, he wants Ama stay happy, enjoy her life while aging. Some will mis-understand of too much protective he does to Ama, but Me as the witness of his LOVE for his mother he is doing it to re-pay all Ama's hardwork when they are young, he want's Ama to enjoy and reap all her hardwork for giving them a good education and pursuing to a good life.

Ama's kind heart was equally shared to Him. He understand poor people, he always have pitty and concern to other people that what makes Ama and Sir Thong a good team-up that God gave me in my life to be where I am right now, I can not do all my responsibility to my children and my family on my own without their kindness and un-ending love and understanding in my situation. I'm so thankful to them deep in my heart with the best treatment they gave to me. His family, children, wife is so blessed to have a husband and a father like Him.

December 27,2015 at around 3:55pm Sunday, my dearest Ama Chu Lin Quei passed away. It's a big pressure pour into my life, I never expect and accept the fact of what had happen. It's very painful I feel it will ruins all my dreams for my children, but as I love her I accept the fact that it's her time to rest in peace as she passed away. I maybe selfish of the fact that I'm longing Ama to stay with me until my daughter graduated college without knowing Ama is feel so tired and un-happy of what her bodies felt being 100 years old. While me I am young that I can be able to work again for my childrens future.

When we are in the hospital I was scheduled to go home December 21, 2015 and comeback January 5,2016 for my 4th contract re-newal. But fate comes along our way she was hospitalized due to pneumonia and stayed in the hospital so I decided to cancel my flight and stayed with her on Christmas day instead of my family. My thinking in that decision Ama needs me, in her situation I don't know what will happen, I am not happy staying Christmas in the Philippines while Ama is not in good health condition, so I decide to go home again December 28,2015 to celebrate new year with my family. But in the eve of December 25,2015 her fever become 38.7 to 39 something, so I am not eager and happy to go home. Decemeber 26, 2015 evening the doctor explain to my boss about Ama's condition and I request my employer to stay with me watching Ama because I'm afraid of what will happen. Me and Sir Thong stayed with Ama in the whole night of December 26,2015 witnessed her temperature become 40 to 40.4 and blood preasure become lower to 100/63 – 98/40 estimated. At the mid-morning of December 27,2015 the head nurse call my boss outside to explain Ama's situation on that time I feel so nervous, tomorrow December 28,2015 is my flight going back to Philippines, No…. I will not go home I will stay with Ama until her last day. So I decided to finish until January 2,2015 for the last day of my working visa permit.

I am so blessed and honored that on her last day, I did my best to serve her until her last breath. I feel so thankful to the Lord God that whatever circumstances we encounter in our life it always the best for us. We may not understand it right away but time goes by that we will be able to realize that everything happened in our life has a good reason behind it.

Being part of the Chu Family for 9 years, they treat me like Ama's grand daughter I'm so grateful and full of admiration on how they treated me. With all the effort they've done to get me the tourist visa to be able to witness Ama's cremation ceremony. 1st of all to thank my employer Chu Thong Yau, his son Eason- Chu Yen Teng and Li Tung staff to do their very best to make it happen. Although they said it's impossible but still we tried to make it happen, but thru Ama's help and willingness that I should stayed with her on her last day here on earth the tourist visa processing that keeps us thinking impossible only done for 2 days. Amazing which we can tell miracle happens to me to be back on January 8,2016 in Taiwan. 1st time in my life history to attend the Chinese tradition of burial cremation, it's an overwhelming thing and touching moments that I experienced. It will always and forever remain here in my heart, in my mind and forever be grateful to Ama and to her Chu family.

Words is not enough to express how lucky I am to be part of this Amazing Chu Family, from Ama to her son Ape and his wife, Sir. Akun and his wife, Sir, Bin Lin and his wife, my lovable 3 aunties Ama's daughter

Ma'am atchang, Ma'am Emy and Ma'am Hui Ling and their husbands and all the grandchildren who love, accept me and treat me like their family, thank you to all. Special thanks to my employer Chu Thong Yau, Ma'am Aying, Eason-Nikki, Evelyn-Athan and the kids who love me un-conditionally, who accept me of Who I am, forgive me in all my faults, I deeply appreciate all your love and kindness. For 9 years of working in Taiwan I never earned big amount of amount of money but I earned the love, respect, understanding and special treatment that even in my own family I never experienced it. No amount could replace your love. Thank you so much, May the Glory of Our Almighty God be with you and Bless You all in every aspects of your life.

THANK YOU FOR THE LOVE CHU FAMILY!!!

by Violeta Abero Lugtu

母親喜歡獅頭山藤坪山莊江老闆的披薩（吳小姐烘烤）及桔茶

母親與Leta在新竹市立動物園內留影

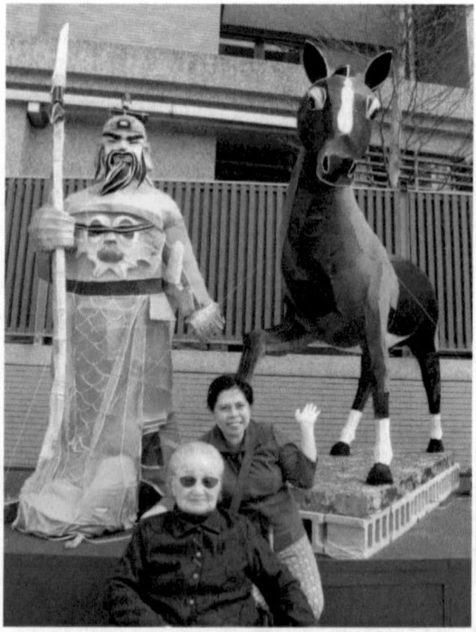

陪伴母親參觀2013年台灣燈會
（竹北市主辦）

母親與Leta攝於獅頭山藤坪山莊，手拈一朵油桐花

母親與Leta攝於公園麗池畔的玻璃藝品店

清晨母親於博愛街交大校園，與友人們合影

母親和Leta及小狗Ruby

Leta和她的女兒Janica及Mika

附錄一　榮獲「第四屆海峽兩岸漂母杯散文詩歌大賽」（散文組第三名）得獎之作：《再老，還是母親的小小孩》

母親年居百歲，膝下撫育了十個子女——五男五女。她在三十五歲時生下了我，我是她的么兒，排行老九。在兄弟姐妹中，我與母親的緣份最為深厚。

一個已過花甲之年的人，算不算老呢？

我在年屆半百的時候，女兒和兒子都已經視我為「老頭」了，更何況現在已過花甲之年。雖然，我還是很不情願承認自己的老，但，也不得不接受已被年輕人歸為「老者」一族的事實。

不過，我這樣的老者，在高齡已屆百歲的老母親心目中，卻永遠只是一個孩子。即便是，我已經當祖父及外公了，但，對她老人家而言，我仍然還是一個孩子，只不過，一個更成熟的孩子而已。

這讓我想起了二十四孝中，老萊子「彩衣娛親」的故事。它不僅發人深省，而且，更是現代人應該學習的孝行。也應驗了一句很平常的話：「在父母的面前，我們永遠是個孩子」，而無論我們年紀已有多大。

可不是嗎？別以為我們長大了，翅膀硬了，或已是為人父母甚至祖父母了，就忘了自己還是父母心目中的小孩。

想想，兩千多年前的老萊子，即使已高齡七十歲，卻仍然以赤子之心，為我們演出了「彩衣娛親」的孝行。正啟示著我們：兒女的赤子之心才是慰藉父母的最佳處方。

因此，如果你的母親老是把你當成孩子看待時，千萬別感到厭煩，甚至，更要順勢配合演出。因為，這樣的話，無形中，也會提升年邁母親對她自我價值的肯定。而我，就是一個以此為樂的「老孩子」。以下，藉著本文來與讀們分享。

＊＊＊＊＊

多年來，我已養成中午帶飯盒在辦公室用餐的習慣，而飯菜就是前天晚餐多準備的一份。通常，這飯盒也是由我自己來裝盛的。

只是，經常會發現，有些菜餚記得昨晚我並沒有放進飯盒裡，但，用午餐時卻突然出現了。起初還會懷疑，自己的記性是否變差了？後來，經我向照顧母親的外傭瑞塔詢問，才恍然大悟。

原來，母親看我在裝添飯盒時，即已發現我吃得太過清淡了，便逕自要求瑞塔幫我加了一些額外的食物。時而魯蛋、煎魚，時而豬肉或大哥買來孝敬她的吻仔魚乾，就是深怕我營養不夠。

一開始，我也曾經婉拒她的好意，並找出很多理由來說服她。但，母親並不理會，依然要求瑞塔照她的指示做。因此，每當我打開飯盒時，就經常會有意想不到的加菜。久而久之，我也習以為常，索性乾脆欣然接受了。

雖然此刻的我，已然是一個祖父輩的老者了，但，在老母親的眼中，卻始終還只是她當年的小小孩。其實，我早該體悟這一層簡單的哲理，好好去享受：「一個老小孩依然能夠被老母親疼惜的幸福與愉悅」。

＊＊＊＊＊

「阿堯！這裡有花壽司及手卷，很好吃，晚餐時你就先吃這些吧！」母親以既慈祥又和藹的眼神對著我說。

哇塞！三個花壽司、一個手卷、外加一碗豆花，這已經超出我晚餐的份量了，吃完這些之後，我根本不可能再去用正餐了。

據外傭瑞塔告訴我，那些食物都是兄姊們來探望母親時帶來的午餐，每個人都有一份。只不過，母親每次總是留下了大半，等我下班回來用晚餐時，就迫不及待地催我吃。

我當然知道，她並非吃不完，而是捨不得吃，刻意留下來給我。前幾次，我拒絕了她的好意，佯稱自己並不喜歡這些東西，希望下次她自己享用就好，不必特意留給我。

不過，好幾次我發現她有些失落，讓我覺得於心不忍。畢竟，這是她對我表達關懷及善意的一種方式。無論如何，母親的好意我實在不該那麼直接地就拒絕了。

「好吧！媽！我來品嚐一下這些壽司，看看好不好吃？」後來，我態度大轉變地對她說。甚至，索性當著她的面，很快地吃完了這些壽司。

她看著我大快朵頤的吃相，眼神既慈祥又滿意，頓時，我也跟著她高興起來。而一高興，就吃得愈加起勁。這時候，母子盡歡，何樂不為呢？

自此以後，只要她留了東西給我吃，我都照單全收，絕不再與她討價還價。

我總是這麼想，自己都已是這麼大把年紀了，還能夠有個老母親把我當成孩子般地疼惜，這是何等佑大福報啊！我豈有不珍惜之理？媽！我由衷地感謝您！

＊＊＊＊＊

「阿堯！今天的天氣很冷，上班要多穿點衣服，免得感冒了哦！」

看！我都已經是一甲子的年紀了，母親還是把我當成三歲小孩般地看待，深怕我不會照顧自己似的。尤其是冬天寒流來的時候，她更是再三叮嚀我。

一開始，我還會和她爭論：「媽！您別管我啦！我根本不怕冷，不需要穿太多的衣服。倒是您自己年紀大了，需要多穿一點呢！」

然而，她根本不理會我的回應。每次在我上班出門前，總是不忘再三叮嚀我：「阿堯！有沒有多穿點衣服啊？圍巾帶了沒？聽氣象局報導，傍晚會有另一波寒流來，溫度會降低五度左右，要注意保暖，不要感冒了。」

說實話，她根本無感於我已是六十好幾的人了，卻始終還是把我當成不懂得照顧自己的孩子看待。

後來，我想通了。我不該和她爭論，而應該順著她的善意去做。因此，每當她又叮嚀我時，我就回答道：

「媽！多謝您的提醒，我已經多加了一件羊毛背心，也套上圍巾了。」

說著，我就當著她的面，把圍巾給套上。這時，她滿意地對我說：「對嘛！這才夠暖和，趕快上班去吧！」

其實，這也是母親關心我的一種方式，而這種互動，也讓她感覺到她的母愛依然熱力未減。尤其，這種天性之愛，更令她感覺到生命力的無窮意義以及活存的價值。

說實話，「再老，還是母親的小小孩」。我越來越懂得那種身為一個老小孩，卻依然能夠被老母親疼惜、關愛的一種幸福感。

******

「阿堯！便當帶了沒有？也別忘了帶你的手機上班哦！」

自從有幾次我從上班途中，折回家來拿忘了帶走的午餐飯盒或手機之後，這句話已經成為上班前我向母親辭行時，她一定會再三提醒我的話語。

我在年輕時，如果聽到這樣的對話，一定會覺得母親太囉嗦了。但是，現在聽了反而覺得一股暖意在心頭。甚至，我把這樣的感覺，當做一種無比的享受，享受著一位老小孩還能被母親關愛的無上幸福。

******

母親一生虔誠信佛，尤其和「南無觀世音菩薩」特別有緣。她幾乎每天早上都會向觀世音菩薩禮佛、敬頌佛號，同時也會為十二生肖及普羅眾生們祈願。此外，更祈求家中所有親人都能平安、健康。

從小至今，我深受母親的身教所感化，每天早晚也各以一柱清香來禮佛。有時候，清晨正好與母親同時禮佛時，也會聽到她口中念念有詞。而在她的祈禱內容中，竟然也有專為我祈禱的部分。

這點，真是太令我感動了！我當然知道母親對我這個么兒的特別關愛。而我也毋需客氣地坦承，這些年來，我對母親的孝行也是兄姊們所一致肯定的。無怪乎，母親對我是如此地疼惜。

*****

我當然知道，歲月總是催人老，我和母親都會隨著時間的沙漏，一天、一月、一季、一年……地愈來愈老。而不變的是，母親仍然會是一個年長我三十五個年頭的母親。

換言之，母親會是我永遠永遠的老母親，而我也會是她永遠永遠的小小孩。我覺得，這聽起來或許平凡，但，其實是一件很棒的事。

可不是嗎？一個人再老，卻永遠還是母親心目中的小小孩。

而我何其有幸？已過了花甲之年，還能夠有個百歲高齡的老母親來疼惜我。

我，以此為樂，也以此為福，更是心存感恩！

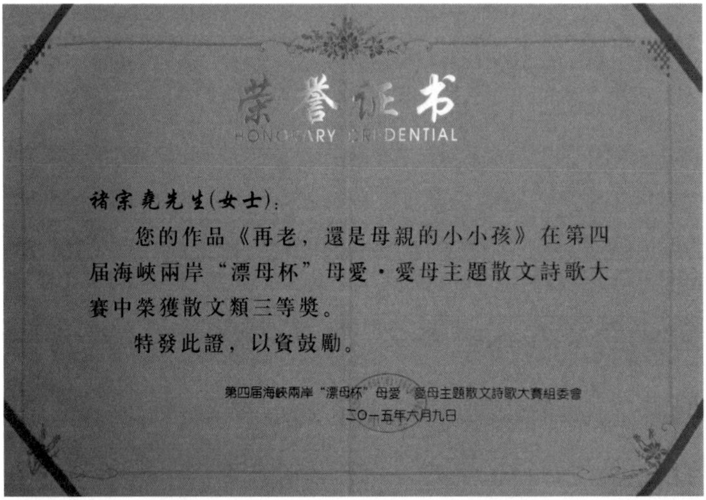

第四屆海峽兩岸漂母杯散文詩歌大賽獲獎榮譽證書

第四屆海峽兩岸漂母杯散文詩歌大賽獲獎獎座

將獲獎榮譽證書及獎座呈獻給母親

第四屆海峽兩岸漂母杯散文詩歌大賽
獲獎作品集

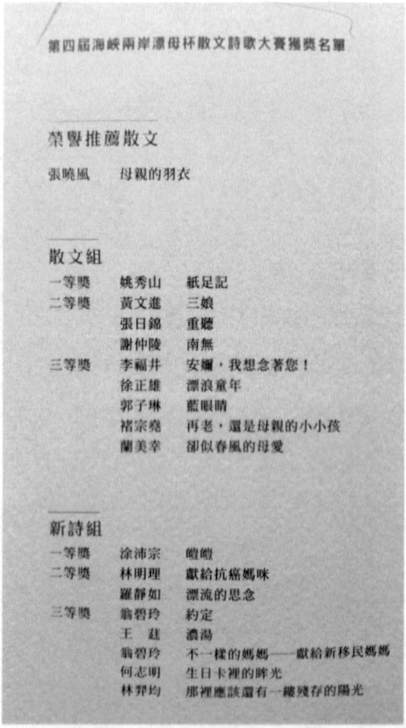

第四屆海峽兩岸漂母杯散文詩歌大賽獲獎名單

榮譽推薦散文

張曉風　母親的羽衣

散文組

一等獎	姚秀山	紙足記
二等獎	黃文進	三娘
	張日錦	重聽
	謝仲陵	南無
三等獎	李福井	安孀，我想念著您！
	徐正雄	漂浪童年
	郭子琳	藍眼睛
	褚宗堯	再老，還是母親的小小孩
	蘭美幸	卻似春風的母愛

新詩組

一等獎	涂沛宗	蹭蹭
二等獎	林明理	獻給抗癌媽咪
	羅靜如	漂流的思念
三等獎	翁碧玲	約定
	王　赴	濃湯
	翁碧玲	不一樣的媽媽——獻給新移民媽媽
	何志明	生日卡裡的暉光
	林羿均	那裡應該還有一縷殘存的陽光

第四屆海峽兩岸漂母杯散文詩歌大賽
獲獎名單

▌當天領獎會場的一角實景

▌我至台北領取文學獎前，與母親於家中客廳留影

▌母親非常用心地在她的房間閱讀我的得獎之作

▌領獎回家後，趕緊將榮譽證書呈獻給母親，她非常高興

附錄二　母親創立的教育基金會

母親是「財團法人褚林貴教育基金會」的創會董事長，此處特將基金會的成立宗旨、使命、方向、及目標，透由在facebook上之基本資料簡介如後，期能藉此拋磚引玉，呼籲更多的社會人士及機構一起投入回饋社會的行列。

1　褚林貴教育基金會在facebook上之基本資料

名稱：財團法人褚林貴教育基金會
地址：30068新竹市綠水路42號8樓之2
聯絡處：30072新竹市東區關新路27號15樓之7

基金會概覽：

本基金會成立於民國一〇一年一月十八日，由創會董事長褚林貴女士以及執行長褚宗堯先生共同捐贈出資設立。

成立之宗旨主要是秉持褚林貴女士慈悲為懷、樂善好施之精神，並以贊助家境清寒之學子努力向學，以及提升家庭教育與社會教育之品質及水準為本基金會發展之三大主軸。

創會董事長褚林貴女士生於民國六年，家學淵源，是清末秀才的遺腹女。她的一生充滿著傳奇性，不僅出身寒門，從小失怙，而且，經歷了兩次不同家庭的養女歲月，卻從不怨天也不尤人。及長，雖嫁做貧窮地主之妻，但家道一貧如洗，十個子女先後出生，沉重無比的家計負擔，長期不斷的加諸在她一個弱女子的身上，她卻能夠隨緣認命，咬緊牙關，憑著自己無以倫比的堅強毅力，以及天生的聰慧靈敏，終於振興了褚家的家運。

今天的褚家，雖非達官顯貴之家，但，至少也是個書香門第，是一門對國家及社會有一定貢獻的家族。她的孩子中有博士、有教授、有名師、有作家、有董事長、有總經理……等。以褚林貴女士的那個艱困年代，以及她的貧寒出身而言，能夠單憑她的一雙手造就出如此均質的兒女出來，真的不得不佩服她教育子女的成功，以及對子女教育的重視與堅持。

如今，她膝下已兒孫滿堂而且多數稍具成就。為此，更感念於過去生活之艱辛不易，而極欲回饋社會。一方面，希望能夠協助需要幫助的弱勢學子，另方面，更思及家庭教育及社會教育之重要功能實不可忽視，因此，主動成立此教育基金會。

褚林貴女士期望能夠透過本基金會之執行，以實際行動略盡綿薄之力，並藉此拋磚引玉，呼籲更多的社會人士及機構一起投入回饋社會的行列。

簡介：

本基金會秉持褚林貴女士慈悲為懷、樂善好施之精神，除了主動贊助家庭清寒之學子努力向學之外，並以提升家庭教育及社會教育之品質及水準，做為本基金會今後發展的三大主軸。

為此，舉凡此三者相關之事務、活動的推展，包括書籍或刊物之出版，以及教育人才之培育及提升等，皆為本基金會未來努力之方向及目標。

基本資料：

許可證書號：（101）竹市教社字第一〇八號
核准設立文號：（101）府教社字第六〇六六號
創會董事長：褚林貴／執行長：褚宗堯／總幹事暨聯絡人：朱淑芬

【捐款方式】

〈若蒙捐贈請告知：捐款人姓名、地址、以便開立收據〉

銀行代號：814（大眾銀行——新竹分行）
銀行帳號：108-2661129-16
地址：30072新竹市東區關新路27號15樓之7
電話：03-5636988　分機205
傳真：03-5786380
E-mail: juliachu@chiwanart.com.tw
基金會類別：教育類
統一編號：31658509

法院登記完成日：中華民國101年2月1日

使命：提升新竹市教育品質、充實新竹市教育資源。

成立時間：2012年1月18日

主要業務：

一、促進家庭教育與社會教育相關事務及活動之推展。

二、協助並贊助家庭教育與社會教育相關人才之培育及提升。

三、出版或贊助與家庭教育及社會教育相關之書籍或刊物。

四、設置清寒獎助學金獎勵及贊助家庭清寒學生努力向學。

五、贊助及推動與家庭教育及社會教育相關之藝文公益活動。

六、其他與本會創立宗旨有關之公益性教育事務。

聯絡電話：03-5636988 分機205

電子郵件：juliachu@chiwanart.com.tw

網址：http:// www.facebook.com/chulinkuei

2 褚林貴教育基金會之設立許可證書

褚林貴教育基金會於民國一〇一年一月十八日，正式獲得新竹市政府之核准設立。

3 褚林貴教育基金會在facebook上之Logo

褚林貴教育基金會在facebook上之Logo頗具意義，上面有創會董事長的親筆書寫字跡，當時她老人家已經是九十六歲高齡。

4 新竹市政府感謝狀

褚林貴教育基金會設立之後，連續兩年（民國一〇二年及一〇三年），榮獲新竹市許明財市長親頒的市政府感謝狀。

5 代替母親領取許明財市長親頒的新竹市政府感謝狀

於民國一〇二年及一〇三年連續兩年，褚林貴教育基金會皆榮獲新竹市許明財市長親頒的市政府感謝狀。由於母親行動較不方便，因而都由我代替她至市政府領取，身為她的兒子，我甚感與有榮焉。

母親坐在我位於關新路的辦公室桌前留影，很有董事長氣派

母親為基金會銀行開戶親簽，百歲高齡的她頗具文人氣宇，不愧為秀才之後

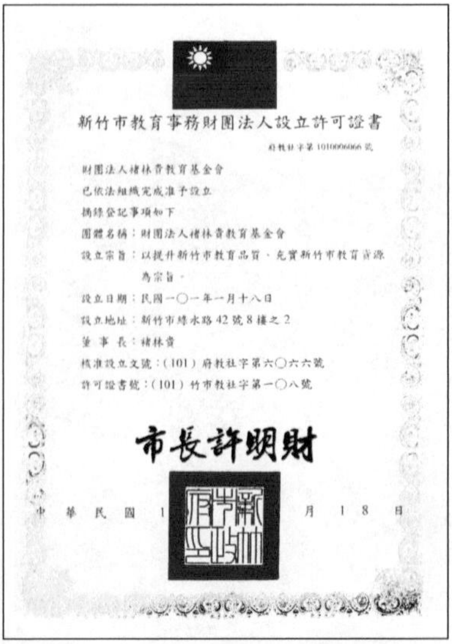
新竹市教育事務財團法人設立許可證書

府教社字第1010006066號

財團法人褚林貴教育基金會

已依法組織完成准予設立

摘錄登記事項如下

團體名稱：財團法人褚林貴教育基金會

設立宗旨：以提升新竹市教育品質、充實新竹市教育資源為宗旨。

設立日期：民國一〇一年一月十八日

設立地址：新竹市綠水路42號8樓之2

董事長：褚林貴

核准設立文號：（101）府教社字第六〇六六號

許可證書號：（101）竹市教社字第一〇八號

市長許明財

中華民國 1 月 18 日

▌母親為褚林貴教育基金會創會董事長

▌褚林貴教育基金會在facebook上之Logo（手稿為母親之親筆）

新竹市政府感謝狀

府教社字第1020018669號

財團法人褚林貴教育基金會

推廣教育活動不遺餘力

熱心社會公益愛心懷幼

特頒此狀以表謝忱

市長許明財

中華民國 102 年 2 月 25 日

▌新竹市政府感謝狀（民國102年）

新竹市政府感謝狀

府教社字第1030066299號

財團法人褚林貴教育基金會

推動教育活動不遺餘力

熱心公益愛心懷幼

特頒此狀以表謝忱

市長許明財

中華民國 月 10 日

▌新竹市政府感謝狀（民國103年）

▌代替母親領取新竹市政府對基金會之感謝狀（民國102年）

▌代替母親領取新竹市政府對基金會之感謝狀（民國103年）

附錄三　記憶金庫——思母情懷舊照

母親與家人同樂之珍貴舊照

我與四哥念台大時，母親和父親一齊來找我們逛校園

母親及父親與我們四兄弟，攝於大哥民族路老家樓頂

母親與家人出遊之珍貴舊照

多年前母親和父親與心愛的子女們合照

多年前母親和父親與心愛的子女、孫兒們四代同堂之大合照

昔時母親與家人在工研院光明新村留影

母親與二姐一起登十八尖山（當時母親仍然健步如常）

昔時母親與二姐等於清泉吊橋前留影

母親作東宴請諸位親友時致辭（彭園餐廳），我為她拿著麥克風

母親與兒、媳、女、婿們聚餐，攝於彭園餐廳

母親與兒、女們聚餐，攝於彭園餐廳

▌母親與兒、女們聚餐，攝於彭園餐廳

▌母親和家人於竹北水月拙木餐廳聚餐（我做東）

母親和我及二姊、二姊夫於何家園餐廳用餐

母親和二姊及二姊夫在獅頭山藤坪山莊用餐

▌母親於五指山名人養生餐廳之室外庭園散步

▌母親攝於五指山名人養生餐廳戶外庭園

母親在彭園餐廳宴請我們兄弟姐妹們時留影

四哥兄嫂來探望母親，合影於竹科靜心湖畔

母親與我及兄姐們於青草湖煙波飯店享用午茶

我陪母親於青草湖煙波飯店與兄姊們享用午茶

我請母親及兄姐們至好樂迪KTV唱歌，母親也很隨和與我們同樂

我請兄姊們至好樂迪KTV唱歌，母親也很捧場並一齊歌唱

▌連家表兄姐們來探望母親（他們的姑媽），在家中客廳合影

▌母親宴請娘家連家姪子與姪女時與褚家大合照（於彭園餐廳）

母親宴請娘家連家的諸位姪子與姪女（於彭園餐廳）

四哥家人及國湞家人來家中探望母親

過年時我陪母親至大哥家用餐（姐姐們回娘家）

母親與我至大哥家與兄姐們聚餐（姐姐們過年回娘家）

母親生日，兄姐們來探望她（攝於客廳）

昔日母親和家人們同遊五指山，攝於名人養生餐廳戶外庭園

昔日母親與家人同聚五指山名人養生餐廳（於室外庭園）

連家表兄姐們回請母親（他們叫姑媽）及我們（於菜園餐廳）

連家三位表姊及三表姊夫來家中探望母親

母親與我和四哥兄嫂，於竹科靜心湖畔全家商店室外吃冰淇淋

母親與家人於南寮漁港新南興海鮮餐廳聚餐

母親於南寮漁港新南興海鮮餐廳與家人聚餐 ，席間喝口酸梅湯解膩

兩位表哥來探望母親，與我及兄姐們攝於家中客廳

近期母親與家人同聚五指山名人養生餐廳，並於室外庭園唱歌同樂

近期母親與家人於五指山名人養生餐廳聚餐，餐後於庭園與家人合唱，興致頗高

近期母親與家人於五指山名人養生餐廳聚餐，餐後於庭園與家人合唱，專心看著歌譜在唱

▍崇瀓請客，與母親及我攝於新竹國賓飯店十二樓八方燴西餐廳

▍崇瀓於新竹國賓飯店十二樓八方燴西餐廳請客，母親專心用餐

崇媺於新竹國賓飯店十二樓八方燴西餐廳請客，我幫母親端些她喜歡的菜餚

我與母親90歲時同遊日本立山黑部，於武家屋敷留影

慈母度母

母兮生我時三五
舐犢情深六五載
鞠我長我慈母情
顧我度我度母恩
今雖慈母返淨土
長盼法身護我行

兒　宗堯　敬上
民國一〇五年四月四日
百日清明

獵海人

母慈子孝003

母親，請您慢慢老

作　　者　褚宗堯
責任編輯　羅加宜
圖文排版　楊家齊
封面設計　蔡瑋筠
出 版 者　財團法人褚林貴教育基金會
製作發行　獵海人
114 台北市內湖區瑞光路76巷69號2樓
電話：+886-2-2518-0207
傳真：+886-2-2518-0778
服務信箱：s.seahunter@gmail.com

展售門市　國家書店【松江門市】
10485 台北市中山區松江路209號1樓
電話：+886-2-2518-0207
三民書局【復北門市】
10476 台北市復興北路386號
電話：+886-2-2500-6600
三民書局【重南門市】
10045 台北市重慶南路一段61號
電話：+886-2-2361-7511

網路訂購　博客來網路書店：http://www.books.com.tw
三 民 網 路 書 店：http://www.m.sanmin.com.tw
金石堂網路書店：http://www.kingstone.com.tw
學思行網路書店：http://www.taaze.tw

法律顧問　毛國樑　律師

出版日期：2016年5月
初版三刷：2016年8月
定　　價：580元

國家圖書館出版品預行編目

母親,請您慢慢老 / 褚宗堯著. -- 新竹市 : 褚林貴教育基金會, 2016.05
面； 公分
ISBN 978-986-88653-2-7(平裝)

1. 褚林貴 2. 臺灣傳記

783.3886 105005113